Scala
テキスト 基本文法編

池田成樹●著

本書で取り上げられているシステム名／製品名は、一般に開発各社の登録商標／商品名です。本書では、™および®マークは明記していません。本書に掲載されている団体／商品に対して、その商標権を侵害する意図は一切ありません。本書で紹介しているURLや各サイトの内容は変更される場合があります。

はじめに

「Java!、大好きだったよ。確かに昔は大好きだった…」

今、Javaに対して声を掛けるならば、こういった科白になるのかもしれません。初めて見たJavaテクノロジーはアプレットかなんかで、Duke君がサーフィンのデモをしていた記憶がありますが、はっきりいってオモチャと感じたのはとにかく昔のことです。その後、仕事で本格的に使える言語として私自身、ずっと手を染めてきました。

ですが、世の中の移り変わりは早く、そして私自身は飽きっぽく、新しい「オモチャ候補」を探していたときに出会ったのがScalaでした。もちろん、Scalaはオモチャなんかではありません。なにか探究心に火を付けるものを探していたのです。ちょうどその頃はRuby On Railsをかじっていました。Railsのエキセントリックな「思想」に大いに刺激を感じ、Webフレームワークとしての可能性を大いに感じながらも、あくまでも個人的な感想ですが、運用面まで考えるとRubyはどうも違うなあと思っていました。

そこで出会ったのがまさにScala言語です。また、JavaではちょうどよいWebフレームワークがない、と感じていた私にとって、Scalaの世界でLiftとPlayというフレームワークのそれぞれに魅せられました。そういう入口でScalaを知ったものの、そこからはScala言語自体の特色である関数型言語のコンセプトに大いに刺激されることとなりました。

本書は決してScala言語に関して網羅した本ではありません。むしろ簡易にScalaの文法について、まず最初の理解を得る、ということを念頭に置いています。実際、関数型言語のプロパーの方からすれば物足りないと思います。プログラミングの経験としてはJavaやRuby、そしてC++やC#などのオブジェクト指向言語に関しては経験があることを前提にしていることをご承知おきください。

そして、本書の内容はNPO法人JASIPA (http://jasipa.jp/) における活動の一環で、Scalaの入門セミナーの開催の機会を得たことと、手作りのテキストでScala言語講座を実施した経験が下敷きとなっています。

JASIPAの関係者の皆様、会員の皆様にはこの場をお借りして御礼申し上げます。特に講座を受講してくださった皆様には名前はここで挙げられませんが大いに感謝していることを申し添えさせていただきます。そして、本書の原稿を査読して意見をくださったJASIPA理事の三上智親氏にも御礼申し上げます。また、愚問ともつかない質問に答えてくださった日本のScalaコミュニティーの皆様にも御礼申し上げると共に、これからもScalaがもっと日本で普及することを願ってやみません。

　最後となりますが、編集を手がけていただき多くの助力をいただいた鈴木光治氏と企画を快諾いただいたカットシステムの石塚勝敏氏にも御礼申し上げます。

2015年10月　軽井沢にて
池田 成樹

はじめに iii

第0章　Scalaって何だろう……1

0.1　Scalaとは 2
0.2　言語としての特徴 5
　0.2.1　オブジェクト指向言語と関数型言語の融合 5
　0.2.2　関数とは 7
　0.2.3　ファーストクラスオブジェクト 12
　0.2.4　関数型言語でできること 13
　0.2.5　関数型言語での重要な概念 14
0.3　Scalaの利点 18
　0.3.1　再帰処理 18
　0.3.2　並列処理、並行処理 19
　0.3.3　純粋関数型言語 21

第1章　Scalaのインストールとプログラムの実行方法……23

1.1　Scalaのインストール 24
1.2　Scalaソースコードの実行方法 26
　1.2.1　REPLによる実行 26
　1.2.2　インタープリターによる実行 27
　1.2.3　通常のコンパイルによる実行 27

第2章　基本的な文法と構文……33

2.1　基本的なデータ型 34
2.2　変数の宣言 35
2.3　文の改行 36
2.4　各種のリテラル 37
　2.4.1　シンボルリテラル 41
2.5　コメント 42
2.6　タプル 43

- 2.7 制御構造 44
  - 2.7.1 if 式 44
  - 2.7.2 for 式 45
  - 2.7.3 while と do 〜 while ループ 48
- 2.8 関数（メソッド）の定義と呼び出し 49
- 2.9 演算子 49
- 2.10 例外処理 50
- 2.11 クラス 53
  - 2.11.1 クラス階層 53
  - 2.11.2 クラスの定義とコンストラクタ 54
  - 2.11.3 クラスのメソッド 56
  - 2.11.4 オブジェクトの等価性（比較） 58
  - 2.11.5 アクセス修飾子 60
  - 2.11.6 継承 64
  - 2.11.7 メソッドのオーバーライド 64
  - 2.11.8 抽象クラス 66
  - 2.11.9 ケースクラス 68
  - 2.11.10 シングルトンオブジェクト 70
  - 2.11.11 コンパニオンオブジェクト 71
  - 2.11.12 抽出子 72
- 2.12 パッケージとインポート 74
  - 2.12.1 パッケージの宣言 74
  - 2.12.2 パッケージのインポートのバリエーション 76
  - 2.12.3 デフォルトでインポートされるパッケージ 77

第3章　関数詳説……79

- 3.1 関数リテラル 80
- 3.2 プレースホルダー構文 82
- 3.3 メソッド 84
  - 3.3.1 引数名を指定してメソッドを呼び出し 87
  - 3.3.2 デフォルト引数 89
- 3.4 引数に関数リテラルを渡すメソッド 89
- 3.5 結果値として関数リテラルを返すメソッド 91
- 3.6 クロージャー 92
- 3.7 ネストしたメソッド（ローカルメソッド） 95
- 3.8 メソッドから関数（オブジェクト）への変換 96
- 3.9 関数の部分適用 97

- 3.10 引数を取る関数を結果値とする関数 98
- 3.11 関数のカリー化 100
- 3.12 独自の制御構造の作成 104
- 3.13 関数の名前渡しパラメーター 106
- 3.14 遅延評価 val 値 113

第 4 章　パターンマッチ……115

- 4.1 Option[T] 型 116
- 4.2 match 式 118
- 4.3 変数によるマッチ 119
- 4.4 型によるマッチ 121
- 4.5 ケースクラスによるマッチ 122
- 4.6 Array によるマッチ 123
- 4.7 List によるマッチ 124
- 4.8 タプルによるマッチ 126
- 4.9 パターンガード 127
- 4.10 シールドクラス 128
- 4.11 ネストしたケースクラスのマッチ 130
- 4.12 部分関数（partial function）..131

第 5 章　トレイト……133

- 5.1 トレイトの概要 134
- 5.2 トレイトのミックスイン 136
- 5.3 複数のトレイトのミックスイン 137
- 5.4 継承したトレイトのメソッドのオーバーライド 138
- 5.5 複数のトレイトをミックスインする順序による違い 140
- 5.6 継承元であるトレイトのメソッドを指定して呼び出す 142
- 5.7 トレイトの抽象フィールドの初期化タイミング 143

第 6 章　コレクションによる弾力的なデータ構造……145

- 6.1 Scala コレクション概略 146
  - 6.1.1 Seq トレイト 146
  - 6.1.2 イミュータブルとミュータブル 146

6.2　List の活用 147
- 6.2.1　List と for の組み合わせ 147
- 6.2.2　map メソッドを使う 148
- 6.2.3　flatten と flatMap メソッド 148
- 6.2.4　Option 型に対する flatMap メソッド 149
- 6.2.5　filter メソッド 152
- 6.2.6　シャッフルしてソート 153
- 6.2.7　文字列への変換 153
- 6.2.8　特定の値が含まれているかの検査 154
- 6.2.9　Map & Reduce への夢 154

6.3　Map の概要 155
- 6.3.1　値の設定と取得 155
- 6.3.2　またまたシャッフルしてみる 158
- 6.3.3　Map でもソートさせる 159
- 6.3.4　沖縄県をゲット！ 159
- 6.3.5　zipWithIndex メソッド 160

第 7 章　暗黙の型変換 161

7.1　暗黙の型変換を行うメソッド 162
7.2　暗黙の型変換を行うクラス 164
7.3　暗黙の引数 165

第 8 章　型パラメーター（ジェネリクス）......169

8.1　ジェネリックに値を扱う 170
8.2　ジェネリックな関数 171
8.3　ジェネリックなクラス 173
- 8.3.1　変位アノテーション 173
- 8.3.2　ミュータブルとイミュータブル 176

索　引 177

第0章

Scalaって何だろう

0 Scala って何だろう

0.1 Scala とは

　Scala の言語としての説明に入る前に、James Gosling という人が Scala を褒めている様子を引用します。この方ですが、知らない人も結構いるかもしれません。

　Java を創ったキーマンの 1 人は Bill Joy だと思いますが、Gosling も黎明期のときに中心的な開発を担い、まさに Java の親玉みたいな人です。Sun Microsystems 社で Java を創り、数年前までは Google 社に所属していました。Gosling が言ったことというのは、「Java 以外にもう 1 つ言語を今あげるとしたら、間違いなく Scala だね」とでも訳せるでしょう。

　Scala がどういう言語なのか、まずは外面を説明します。もともとの語源は、「Scalable」という言葉から来ています。ちなみに、イタリア語で Scala というのは螺旋階段という意味らしいです。Scala のロゴも螺旋になっています。

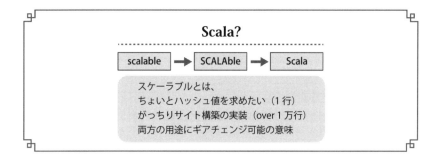

では、Scalable（スケーラブルな）というのはどういうことなのかを説明します。ワンライナーという言葉がありますが、1行で簡単な計算とかをさせたいということがあります。例えば、ハッシュ値を求める際、Linuxなら1つのコマンドを打ち込むことで可能です。Perlとかでもハッシュ値を求める関数があります。

一方で、実用規模で運用させるサイトの構築などの場合、当然1万行とかを超えるようなプログラムの設計、実装も考えられます。

Scalaは、1行で済むような計算と、実用規模のプログラムの両方に対応できるのです。両方に対応できる言語は、それほど存在しないと思います。例えば、Javaの場合、1行で何らかの処理を記述するというのは、実質的には無理です。`main`メソッドを書かないといけないとかといった、決まりごとがあります。そういった意味で、Scalaという言語はこの両方をできます、得意ですよということを目指しているのです。

0 Scalaって何だろう

　Scalaを創ったのは、Martin Oderskyというスイス連邦工科大学の研究者です。非常に優れた研究者で、初代のJavaコンパイラや、ジェネリクスというC++のテンプレートにあたるものの仕様を提唱しています。その仕様はほぼそのまま標準化委員会で採用されて、今のJavaに追加されています。さらに、研究室のOdersky先生のたくさんの教え子たちも非常に優秀な業績を残しています。2011年に、Scala専業ベンダーTypesafe社を立ち上げました。「Scala typesafe」のようなキーワードで検索するといくらでも情報がでてきます。

Scalaを取り巻く空気感

改良や変化のスピードは速い
C++やJavaとは段違いである

　それぞれのプログラミング言語の世界には独特の空気感というのがあり、コミュニティーが存在していて、活発な議論が交わされて機能しています。これは重要なことで、Scalaの場合でもそのようなコミュニティーがあります。

　マイクロソフト系だと、マイクロソフト社がきちんと面倒を見てくれるので、そういう意味では非常に楽であり情報もたくさんあるという利点があります。ただし、逆にコミュニティーの世界では、あんまり情報が多くないといった場合があります。

　Scalaの場合は、Odersky先生のチームのイニシアチブが非常に強いですが、コミュニティーの世界ともバランスよく機能していると思います。このあたりがRubyの世界と違うところで、Rubyの場合はコミュニティーの協議プロセスが入念に行われていて、新しい言語仕様がなかなか決まらないという側面があったりします。Javaも、言語の拡張に関してはRubyと同じく慎重に協議していますので、Javaの7から8まで確か5年近く開いています。

　そういった意味で、停滞というか慎重という感じがあるのに対して、Scalaはある意味、非常にスピードが速いです。大体1年に1回、アップグ

レードしています。そこが、Scala の弱点でもあるのです。入れ替わりが激しくて、ついていくのが大変ということになってしまいます。

本やネットの情報も陳腐化するのが早いので、正しいと思ってる情報がこのバージョンなら正しいが、別のバージョンでは正しくない、といったことが多々あります。

私が Scala っていいですよ、という話を始めた頃（2012 年）、バージョンは 2.9 でした。そして 2014 年に東京で講演をやったときは 2.10 で、それが 2015 年にはもう 2.11 になってしまっています。一般的には、.9, .10, .11 というバージョンナンバーはマイナーアップグレードと考えられますが、Scala に関してはメジャーアップグレードと考えてよいでしょう。それらのバージョン間では、根幹となる文法が追加されていて、変更点は多いです。

0.2 言語としての特徴

0.2.1 オブジェクト指向言語と関数型言語の融合

Odersky 先生が言っている Scalable というのを実現させるためには何ができないといけないかを考えましょう。簡単に言うと、オブジェクト指向言語と関数型言語を一緒にする、融合させる、ということです。

ただし、本書ではオブジェクト指向言語については説明せず、関数型言語の一般的な導入の概要に関して取り上げることにします。

0 Scalaって何だろう

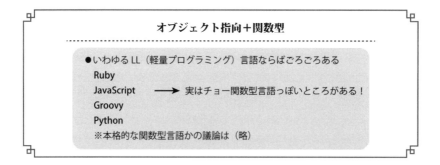

オブジェクト指向言語と関数型言語の両方を実現してる言語というのは、確かにこれまでもあります。例えば、スクリプト言語にはいくつもあります。Ruby、JavaScript、Groovy（最近の旬です）、Python（これは結構有名です）などで、こういった言語はオブジェクト指向言語と関数型言語のエッセンスが両方とも詰まっています。私は、JavaScriptは昔は重視していませんでしたが、いろいろやってみると関数型言語のエッセンスに満ちあふれています。jQueryなんかをやってる方は、納得できる部分があると思います。

一方、学術的には関数型言語の定義はいろいろあり、結構難しい話になってしまいます。厳格な関数型の考え方を持ってる人からすると、Scalaにしても関数型じゃないと考えられてしまう可能性もありますが、ここでは取り上げません。

ここで、JavaベースのスクリプトGroovyを創った、James

Strachan 氏の言葉を紹介します。Odersky 先生と同じような問題点を Java に対して感じて創った言語が Groovy です。

　Odersky 先生のグループによって執筆された『Programming in Scala』（邦訳『Scala スケーラブルプログラミング』インプレス刊）という書籍があります。本家による言語仕様とその解説本です。とあるインタビューで Strachan 氏は、「この本を読まなかったから Groovy を創ったのであって、これを最初に読んでいたら Groovy なんか創らないで、Scala を使ってただろうに」というようなことを言っています。お世辞も少々入っているのかもしれませんが、本当のところは悔しがってるんじゃないかなという気が私はします。

0.2.2　関数とは

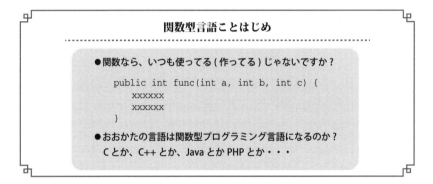

　関数型言語というのは、どんなものなのでしょうか。関数とかメソッドは、どのような言語であれプログラミングしている人であれば、いつも作っているものです。では、Java、C 言語、C++ での関数、メソッドとの違いは何なのでしょう。

　ここで強調しておきたいのは、「一度関数とかメソッドとかいった概念を頭から消してください!!」ということです。

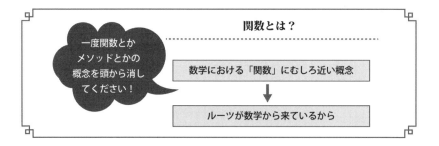

 これまでの言語で認識してる関数というのは、これから話す関数とはまったく違ったものだと思ってください。最終的にはつながってくる部分はありますが、1回リセットして、以下の説明を読んでください。
 関数型言語における関数というのはむしろ、数学における関数に近い概念です。
 ところで、現在「関数」という漢字は「関所」の「関」を使っていますが、昔は北海道の「函館」の「函」を使って「函数」と書いていました。

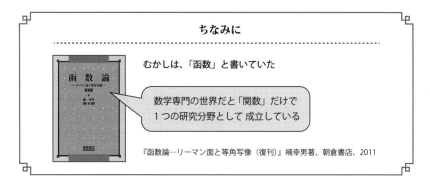

『函数論―リーマン面と等角写像（復刊）』楠幸男著、朝倉書店、2011

 「函」という漢字になってるところが非常に大事なんです。余談ですが、数学の専門分野には、関数だけを取り上げる関数論があります。古い漢字を使った「函数論」は今でも売られている本です。

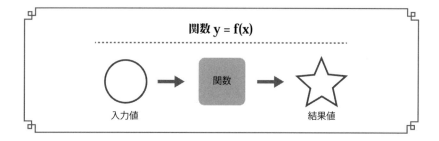

　上の図では関数はハコになっています。関数とは、何かの入れ物に対して入力値があり、つまりハコに何かを入れると、何かがハコから出てくるのです。出てくるものは、一般的なプログラムの世界では「戻り値」という言い方をしています。Scala の世界だと、「result value」という単語が使われています。本書では、統一して結果値と言っておきます。それで関数はまず、入れて何かが出てくるということ、これが基本です。昔、数学の授業で、$y=f(x)$ という関数表記を見たことがあると思います。x が入り、何らかの処理 f をして、y が出て来るのです。

　これが関数なんですが、ここで重要な原則が 1 つあります。

　それは、同じものを入れたら同じものが出てくる、という原則です！

　毎回同じもの入れてるんだけど違ったものが出てくるのでは困ります。それは関数とは言いません。これは覚えてください。定義です。

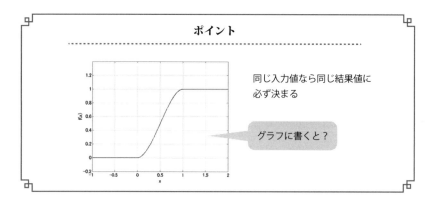

　ここにはグラフが記載されていますが、入ってくる数値に対して出てくる数値が決まっています。関数というのは、数値だけではなく文字列でも何で

も構いません。「晩ご飯の献立」という関数だとすると、月曜日だったらカレー、火曜日だったらすき焼き、水曜日でもすき焼き、……、と同じ入力値だったら同じ結果値になればいいんです。これが大原則です。

ですので、厳密な意味では、乱数というのは関数ではないということになってしまいます。入力値はなくてもいいし、毎回出力結果値が変わってきます。乱数が関数なのかに関しては非常に議論が難しいので、次の話題に移ります。

関数のもう1つの原則というのは、入力値以外に結果値を決定する要素はないことです。かつ、結果値以外に影響を与える対象も存在しない、ということです。これは後で説明します。

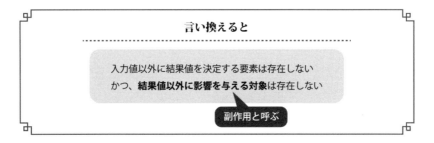

1つのケーススタディーとして、とある八百屋さんのおっちゃんの値段の決め方を考えていただきたいと思います。トウモロコシが4本で320円だったとします。1本80円で、4本だから320円です。ところがこの八百屋のおっちゃんは、「天気がいいから90円おまけしちゃおう」としました。これは関数にはできません。なぜなら、なんで90円値引きしたのかという理由がまったくわからないからです。さらに、値引きする理由は、入力値と何も関係ないのです。

もう1つ、後半の説明ですが、入力値に対して、処理して、結果値が出てきます。それ以外に何らかの影響があってはいけません。もし何らかの影響があった場合は、風邪薬などの副作用と同じで、それを「副作用」という言い方をします。これは覚えていてください。「副作用」というのは関数型言語の世界では専門用語としてよく使われるものです。

この状況というのは、言い換えると「状態を持たない」になります。関数

型言語って何なのかに対してスマートに答えるには、「関数型言語とは状態を持たない、ステートレスだ」になります。ステートレスだといろんな美点があるということは、おそらく皆さん出くわしたことがあるかと思います。関数型言語というのは、もともとステートレスということを前提に開発されていると考えてかまいません。

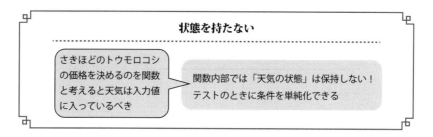

先ほどのトウモロコシの値段の例ですが、これを関数にするのなら、天気というものが入力値になっていないといけないのです。さらに、天気が良いならば90円値引きするというロジックがないといけません。天気が悪くなったら高くなるとか、いろいろと決まっていないといけませんし、それは唯一、入力値のみを根拠に決められなくてはいけません。

先ほどの例の値段を決める関数の内部では、そういった意味での天気の状態というのは保持されていません。値として持たないということです。Javaとか一般的なプログラムで、関数の中に何か値を持ってるとか、ともすればデータベースを見に行くとかはありえます。関数型言語とか関数の考え方からすると、それは非常に困ります。何かやるのだったら、あらかじめ全部入力値（引数）をください、という話になります。この利点というのはいくつかありますが、テストのときの条件を単純化できます。この恩恵というのは私はひしひしと感じてはいますが、関数型言語のやり方に慣れてくると、スマートにテストを書くこともできるし、バグも少なくなってくるのではないかと思います。

0.2.3 ファーストクラスオブジェクト

続いて、「ファーストクラスオブジェクト」があります。なんか高そうですね。日本語にする場合、オブジェクトというのは日本語にしませんので、「第1級オブジェクト」というふうにも呼びます。

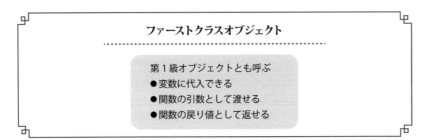

Javaにも当然オブジェクトはあります。Rubyでもあります。そのオブジェクトが「ファーストクラス」と呼べる条件は、上記の3つの箇条書きの3条件です。

まず、「オブジェクトを変数に代入できる」。これはJavaでOKです。次に、「オブジェクトを関数の引数として渡せる」。これはJavaの世界ではできません。Java 8では、少し状況が変わってきますが。最後にもう1つ、「関数の戻り値として関数が返せる」ということが可能か、という点です。この視点では、Javaという言語は基本的に関数型言語から脱落してしまうことになります。

ここでもう1つ、新しい言葉「高階関数」です。英語では「higher-order function」となります。

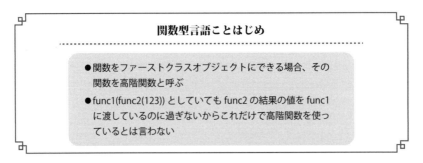

関数をファーストクラスオブジェクトにできる場合は、その関数のことを高階関数と言います。この段階で頭がこんがらがってしまう人が結構多いと思いますが、まず1つの例として、func1 があります。引数に func2 があって、func2 が 123 という引数を渡すとします。これは Java でよく出てくる書き方だと思いますが、実際の例でいくらでもあります。このとき何が起こってるかというと、結局最初に func2 がメソッドとして呼び出されて引数 123 が出ました。そして返ってきた値が func1 の引数になります。つまり、関数を2段階に、2段重ねで呼び出すということは、当然 Java でもできます。しかしこのときに、引数自体が Int 型だったり String 型だったら別に問題ありませんが、関数だったらどうなるでしょうか。Java ではそういうことはできません。よって、Java は高階関数をサポートしているとは言いません。

0.2.4 関数型言語でできること

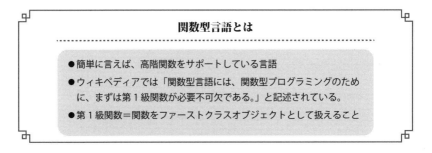

上の図が、関数型言語というのが何なのかということを整理したものです。

まとめると、関数をオブジェクトにできて、そのオブジェクトを変数に代入できます。また、関数の引数にできます。関数ができたら、戻り値として関数が返ってくるという状態が可能であるということです。

関数型言語というのは、上の図の3つのことができるというふうに考えてください。

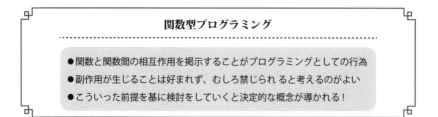

　そういった意味で、関数型プログラミングというのは次のようなことを検討すれば大丈夫です。関数と関数間の相互作用を掲示することが、プログラミングとしてやっていくべきことです。オブジェクト指向型言語だと、クラスを作ってメソッドを作って、みたいなところに終始すると思います。一方、関数型言語の側面としては、あくまでも関数と関数の間がどうなっているのかということにフォーカスされるということです。そして、先ほどでてきた副作用を避けるということは不可能ですが、なるべく少なくしましょう、というのがお作法として考えられます。ただゼロにするというのは現実的には無理です。この話はちょっとまた後でしたいと思います。

0.2.5　関数型言語での重要な概念

　こういった前提のもとで検討していくと、これから話す概念が導かれていきます。変数なのに「再代入不可」という概念を考えることができてしまいます。

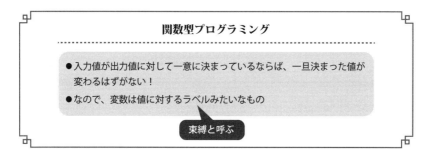

　入力値が、結果値つまり出力値に対して1つに決まっています。なので、一度決まった値が変わるはずがない、という考え方ができるわけです。つま

り、変数 A があったとすると、それは何かの値に対してラベルみたいなものと考えます。このラベリングのことを関数型言語の世界では、「束縛」という言い方をしています。ここで覚えていただきたいのは、関数型言語の世界では変数というのは再代入不可という考え方があることです。ただし、それを守り通せる言語とそうではない言語があります。

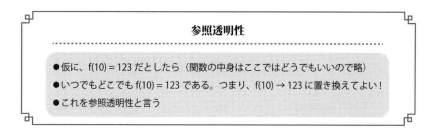

次に、もう 1 つの概念である「参照透明性」です。仮に、関数 f というのがあって、入力値が 10 だったら答えが 123 になったとします。つまり、常に $f(10)$ というのは 123 になります。つまり $f(10)$ というのは 123 に置き換えてよいのです。このことを「参照透明性」と言います。これは先ほどの、変数代入不可というのと関連性があります。これは非常に重要な概念ですが、今回の説明はここまでにしておきます。

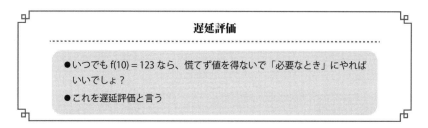

次に、「遅延評価」があります。これも今でてきた 2 つの概念に関連します。いつでも $f(10)=123$ だったら、その関数の中で評価、処理をして 123 という結果値を引っ張ってくるのは後回しでも大丈夫ですよね。何も最初から 123 と分かっている必要はありません。言い換えると、$f(10)$ が必要なときに 123 という値がわかればいいのです。これで、実際に関数の実行されるタイミングというのを遅らせることが可能になってきます。これが遅延評価

です。いろいろなプログラミング言語で、レイジーバインディングとか、クラスを後からロードするみたいな考え方がありますが、それと関連しています。なので、ともすると起動時に、いろんな計算をしないといけないため、立ち上がってくるのが遅くなるというケースがあると思います。これを援用すると、本当に必要なとき、実際に処理が必要なときまで処理をするのを後回しにすることができたりする、という利点が生れてくることになります。

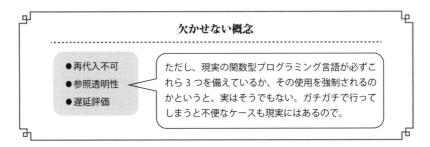

これで3つ、説明しました。再代入不可、参照透明性、遅延評価です。これは同じようなことに立脚していますが、姿形やポイントを変えて3つの概念というのが、違った角度から産まれているというふうに考えてください。

現実の関数型プログラミングで、この3つの掟というのは必ず守らないといけないのか、あるいはこの3つとも存在しているのかということに関しては、実際、様々な違いが文法などにあります。ただし、がちがちにこういったものを使うことを強制されるということは、実際にはないと考えてかまいません。変数はもう1回代入しちゃだめ、そしたら変数ではないというのは、がちがちに守らないといけないとしたら結構窮屈です。なので、抜け穴があると考えていただいてかまいません。

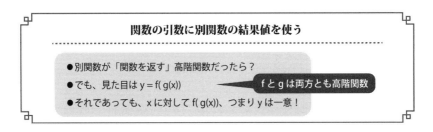

続いて、関数の引数に別関数の結果の値を使う場合において、別関数が高階関数だったら関数が返ってくるかもしれません。これは、関数から返ってくる関数が関数の引数になる、ということになります。要はある関数が関数を返すというケースを考えてください。この場合、gのことを指しています。gを呼び出すと何かが返ってくるが、それが関数です。それをまたfに渡します。すると、f自体また関数を返すかもしれないし数字を返すかもしれません。この場合、fとg両方とも高階関数なので、fも関数で返します。つまり、xをあげると、gは何か関数を返し、次にfに渡すと、また関数が返ってきます。したがって、yには関数が入ります。

ところで、最初xがあり、xに対して関数gがあり、それに対して最終的な関数fがあり、この結果値がyです。そうであったとしてもxに対してyは一意です。必ず同じものが返ってきます。

ここに示したものは擬似コードなので特定の言語を指すものではありませんが、関数型の書き方と関数型ではない書き方の違いを見てみます。

上の図の左側の書き方は知っていると思います。fに123を入れて、yが返ってきます。もう1回それを使ってgという関数を呼び出して、rが返ってきます。そして、rに1足します。

CとかC#という言語では、r++ と書いてインクリメント演算子を使う書き方があります。同じようなことをこの関数型で書く場合には、上の図の右のように書くことになります。この場合、+ という演算子でなくてaddという関数になっています。あくまでも関数を呼び出すことを繰り返すことで欲しいものを取り出す、作りにいくことが関数型のやり方というふうに考えてください。

ここでは、上の図の右のように結果的に1行になっています。上の図の左では3行になってますが、3行が1行になりました。改行コードが2つ減ったことになります。必然的にこういう書き方になりますので、関数型言語というのはコードの行数が圧縮される傾向になってきます。

0.3 Scalaの利点

0.3.1 再帰処理

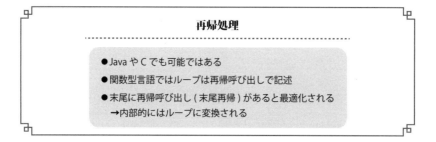

次は、プログラミングが好きな人にはたまらない話題です。再帰処理というのがあります。JavaでもCでも可能です。関数型言語では、for文みたいなぐるぐるまわるループみたいなものは歓迎されません。代わりに再帰呼び出しで記述します。

そんな再帰呼び出しは何回も何回も自分自身で関数を呼び出すということになるので、スタックとかなくなってしまうのではないかと心配な方がいるかもしれません。それに対して、1つ便利な最適化の機能があります。コードの最後に再帰がある場合（末尾再帰と呼びます）、最適化の段階でそれをループに置き換えてくれます。したがって、スタックオーバーフローして無限ループで落ちちゃうということはありません。この末尾再帰最適化は、装備している言語と、そうではない言語があります。CやC#では用意されて

いませんが、Scala では用意されています。

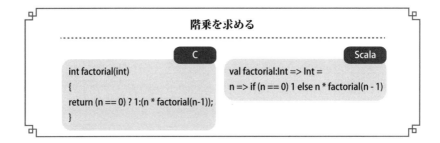

階乗を再帰で書く、という課題をやったことあるかもしれません。上の図では、factorial という関数を、C と Scala で書いてます。若干短くなっていますけども、結局同じような記述になっています。

0.3.2 並列処理、並行処理

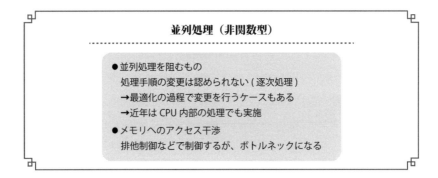

次に、並列処理、並行処理を取り上げます。厳密には並列処理と並行処理は異なりますが、今回はあまり区別していません。マルチスレッドは、1つプログラムの中で同時に並行して何かの処理をしていくということです。しかも、最近のプログラムはマルチスレッドが前提みたいな部分が結構あります。お互いの複数の処理、スレッド処理がぶつかることがあるので、それを避けないといけないということがトピックとして重要です。基本的に今までの Java とか C 言語では、処理の手順を変更できません。ただ、CPU の中で、

最適化で順番を入れ替えて実行されるということは実際にあります。けれども、基本的にプログラムの動作は、先に書いてるものが先に実行されていきます。そしてさらに if 文とか for 文とか条件分岐などの構造があって、次に実行される命令が明確に決まっています。

　もう 1 つ、別の観点ですが、メモリへのアクセス干渉があります。メモリへの書き込みが競合すると、ロックしてしまうことです。当然排他制御すると思いますが、スレッドが増えれば増えるほどボトルネックになる可能性が高くなっていきます。Java とかの世界だと syncronized とかをプログラムに記述して、いろんなテクニックを使って回避するようにします。そうすると、安全になるけど、パフォーマンスが落ちていくというジレンマに陥ってしまいます。

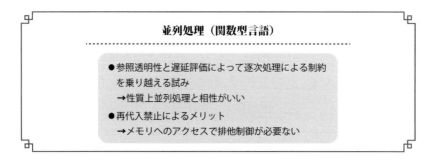

　それに対して関数型言語は、参照透明性と遅延評価というツールがあります。このテクニックを使うことによって逐次処理、つまり 1 から 10 まで順番に処理していくという制約を乗り越える試みがなされています。これは性質上、並列並行処理と相性がいいということになります。関数型で大事だという概念が 3 つありましたが、1 番最初の再代入禁止によるメリットがここで効いてきます。変数の値というのが書き換わらない以上、リードオンリーで考えていいので、メモリのアクセスの排他制御、つまり値を書き換える、書き込むときにロックのことを考える必要がなくなります。これは非常に重要なことで、特に運用面でスケールしてるときに性能が出て来ないということが多々ありますが、この点では有利になってきます。どんどんサーバーを追加してコア数を増やしていっても全然大丈夫、という世界が広がる可能性が高くなるということです。

0.3.3 純粋関数型言語

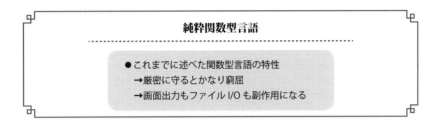

　関数型言語のジャンル分けにおいて、純粋関数型言語というものがあります。

　前に説明しましたが、3つの概念、再代入禁止、参照透明性、遅延評価というのがあります。もう1つは、副作用はだめというのがありました。この4つをきちんと守ろうという考えなのが純粋関数型言語です。

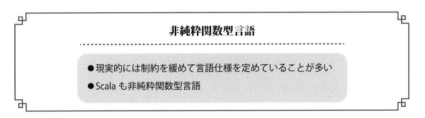

　世の中に純粋関数型言語はいくつかありますが、それでも100％厳密にルールとして決められているかというとそうではなくて、例外というか緩くしている部分は多少あります。その中で言うと、Scala は非純粋関数型言語です。具体的には、画面の入出力、ファイルへの出力というのは、関数型言語の考え方からすると副作用になってしまいます。それができなくなると、何もできなくなってしまいます。もちろん、Scala はそういう処理は当然できます。

　最後になりますが、純粋関数型言語として、Haskell という言語を紹介しておきます。関数型言語のコンセプトを知るのにとてもよい言語です。最近では日本語の文献も増えてきましたで、一度手に取られることをお勧めします。

第 1 章

Scala のインストールと プログラムの実行方法

1 Scala のインストールとプログラムの実行方法

1.1 Scala のインストール

まず、JDK が既にインストールされているのを前提とします（Java ランタイムは 1.6 以上が必要です）。

以下の URL にアクセスして Scala をダウンロードします。Windows ならば、専用のインストーラーが、Mac OS X や Linux ならば tgz ファイルがダウンロードされます。

- The Scala Programming Language
  http://www.scala-lang.org/download/

図1.1●Scalaのダウンロードページ

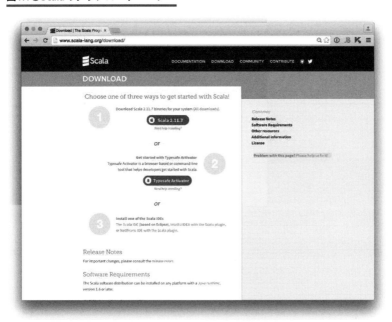

tgz ファイルを展開すると scala-2.11.7 ディレクトリがあります。こ

れを適当な場所に配置してさらに下に存在する bin ディレクトリにパスを通すために環境変数 PATH を修正します。

Mac OS X 環境の筆者は、通例ですと以下のように作業しています。

- scala-2.11.7 ディレクトリを /usr/local ディレクトリにコピーします。
- /usr/local/scala-2.11.7 ディレクトリに対して、/usr/local/scala ディレクトリへシンボリックリンクを張ります。
- ~/.bash_profile ファイルで以下のように環境変数 PATH を設定します。
    export PATH=$PATH:/usr/local/scala/bin

Windows のインストーラーを実行した場合、PATH は自動的に設定されます。また、Windows の「すべてのプログラム」などにはドキュメントの Web へのリンクのみが登録されるだけで、特に IDE 環境などは提供されません。

ターミナル（コマンドプロンプト）上で「scala -version」コマンドを実行させてバージョン情報が表示されればインストールはうまくいっています。

```
$ scala -version
Scala code runner version 2.11.7 -- Copyright 2002-2013, LAMP/EPFL
$
```

1.2 Scala ソースコードの実行方法

1.2.1 REPL による実行

REPL（Read Eval Print Loop）では、対話型のインターフェースにより、入力された命令をそのつど解釈して実行します。「Ctrl + D」、または :quit で終了させることができます。

REPL を実行するには、単純に scala コマンドを実行させます。

```
$ scala
Welcome to Scala version 2.11.7 (Java HotSpot(TM) 64-Bit Server VM, Java 1.8.0_45).
Type in expressions to have them evaluated.
Type :help for more information.

scala> println("Hello")
Hello

scala>
```

複数行にまたがる入力の場合は自動的に │ が表示されます。

```
scala> val i = 10
i: Int = 10

scala> if(i > 0) {
     |     println("value is positive")
     | }
value is positive

scala>
```

1.2.2 インタープリターによる実行

scalaコマンドでファイル名を引数に指定すると、そのファイルを解釈してScalaのプログラムとして実行します。ファイルの先頭から順番に実行されますので、mainメソッドを記述する必要はありません。

リスト1.1 ● test.scala

```
println("Hello")
println("World!!")
```

test.scalaを実行させてみます。./ は作業ディレクトリを表します。

```
$ scala ./test.scala
Hello
World!!
$
```

1.2.3 通常のコンパイルによる実行

scalacコマンドでコンパイルを行います。コンパイルするとJavaプログラムをコンパイルしたのと同様に、クラスファイルが生成されます。これを実行させるには、scalaコマンドでクラスファイルを指定して実行させます。

javaコマンドと同様に、クラスファイルを指定する場合は拡張子は必要ありません。正確に言えばクラス名を指定していることになります。

ScalaでもJavaと同様にmainメソッドが存在し、このメソッドがプログラムを実行する際に呼び出されます。また、mainメソッドに対する引数は配列として渡されるのもJavaと同じ扱いになっています。

リスト1.2 ● HelloWorld.scala

```
object HelloWorld {
  def main(args: Array[String]): Unit = {
```

```
    println("Hello World!")
    println("args = " + args.toList.toString)
  }
}
```

　以下に示されているとおり、コンパイルから実行する流れ、引数を渡すのも Java と同様なのがわかります。ただし、生成されるクラスファイルは複数存在します。

```
$ scalac HelloWorld.scala
$ ls
HelloWorld$.class     HelloWorld.class     HelloWorld.scala
$ scala HelloWorld
Hello World!
args = List()
$ scala HelloWorld 1 2 3
Hello World!
args = List(1, 2, 3)
$
```

　生成されたクラスファイルを javap コマンドで逆コンパイルしてみると、HelloWorld.class と HelloWorld$.class の 2 つのクラスファイルそれぞれの構成がわかります。これらの詳しい内容については説明しませんが、複数のクラスファイルが生成される可能性があることは覚えておきましょう。

```
$ javap HelloWorld.class
Compiled from "HelloWorld.scala"
public final class HelloWorld {
  public static void main(java.lang.String[]);
}
$ javap HelloWorld$.class
Compiled from "HelloWorld.scala"
public final class HelloWorld$ {
  public static final HelloWorld$ MODULE$;
```

```
  public static {};
  public void main(java.lang.String[]);
}
$
```

scalacによるコンパイルはずいぶんと時間がかかるのが欠点です。これを避けるためにfscコマンドが用意されています。これは、Scalaコンパイラを常駐させることによって、コンパイラプログラムと内部状態を記憶し、起動時間を短縮できるようになっています。以下の例ですが、timeコマンドはWindowsのコマンドプロンプトでは実行できません。

```
$ time fsc HelloWorld.scala

real    0m5.967s
user    0m0.429s
sys     0m0.169s
$ time fsc HelloWorld.scala

real    0m0.915s
user    0m0.286s
sys     0m0.064s
$
```

ずいぶん速くなっているのがわかります。fscコマンドの常駐を解くには-shutdownオプションをつけてfscコマンドを実行します。

```
$ fsc -shutdown
[Compile server exited]
Yoshino:ScalaText naruki$
$
```

App トレイト

毎回 main メソッドを定義するのが面倒な場合、App トレイトを継承させることでソースコードの記述量を減らすことができます。トレイトについては後の章で説明をします。

```
object HelloWorldApplication extends App {
    println("Hello World!")
    println("args = " + args.toList.toString)
}
```

```
$ scalac HelloWorldApplication.scala
$ scala HelloWorldApplication 1 2 3
Hello World!
args = List(1, 2, 3)
$
```

java コマンドによる実行

scala コマンドではなく、java コマンドでコンパイルしたクラスファイルを実行させることもできます。そのためには Scala プログラムを実行させるために用意された jar ファイル（標準ライブラリなどが含まれます）をクラスパスに指定する必要があります。

scala コマンドではそのあたりを自動的に行ってくれています。Mac OS X でのコマンドは以下のとおりです。

```
$ java -cp .:/usr/local/scala/lib/scala-library.jar HelloWorld 1 2 3
Hello World!
args = List(1, 2, 3)
$
```

本書でのコマンド実行例

　本書では、コマンドの実行を Mac OS X のターミナルでの例を掲載しています。Windows のコマンドプロンプトでは実行できないコマンドもあります。注意してください。Windows ならば Cygwin をインストールすれば、Mac OS X と同じように実行することができます。

第 2 章

基本的な文法と構文

2 基本的な文法と構文

2.1 基本的なデータ型

Javaには基本型とそれに対応したラッパークラスが各種存在しましたが、Scalaではすべての値はオブジェクトですので、Javaの基本型に該当する型は存在しません。

ただし、コンパイル時には例えばInt型ならばクラスファイル上ではJavaのint型と同一の扱いに変換されるようになっていますので、実行速度の面で不利が生じることはありません。

表2.1●データ型

型名	パッケージ名	対応するJavaクラス	サイズ	説明
Int	scala	Int	32ビット	符号つき整数
Byte	scala	Byte	8ビット	符号つき整数
Short	scala	Short	16ビット	符号つき整数
Long	scala	Long	64ビット	符号つき整数
Float	scala	Float	32ビット	単精度浮動小数点数（IEEE754準拠）
Double	scala	Double	64ビット	単精度浮動小数点数（IEEE754準拠）
Char	scala	Char	16ビット	ユニコード文字
BigInt	scala.math	BigInteger	可変	任意精度の整数（Javaクラスのラッパー）
BigDecimal	scala.math	BigDecimal	可変	任意精度の固定小数（Javaクラスのラッパー）
Boolean	scala	Boolean	1ビット	真偽値（true、false）
String	java.lang	String	可変	文字列だがJavaクラスをそのまま流用
Symbol	scala	なし	可変	文字列内容が同じなら同一インスタンスなのを保証

2.2 変数の宣言

変数宣言の構文は Java とスタイルが異なります。

```
scala> var a: Int = 12
a: Int = 12

scala> a = 23
a: Int = 23

scala> val b: Int = 6
b: Int = 6

scala> b = 16
<console>:8: error: reassignment to val
       b = 16
         ^
```

val で宣言すると値の再代入ができません。Java だと final に相当しますが、Scala ではより積極的に用いるべきであり、まず val で宣言できないかどうか検討するのが望ましいです。どうしても値の再代入が必要な場合は var を用いて宣言します。

```
scala> var c: Int = 13
c: Int = 13

scala> c = 16
c: Int = 16
```

また、型推論の機能によって型の指定を省略することができます。

```
scala> val i = 100
i: Int = 100
```

この例では、100が数値リテラルとしてInt型であることが明らかなため、型推論により変数iの型はIntと決定されます。

なお、識別子がScalaのキーワードとして予約されている場合は、`で囲むことによってエラーを回避できます。以下の例ではobjectはScalaではキーワードになっているので、普通に記述したのではエラーが発生します。

```
scala> val object = 100
<console>:1: error: illegal start of simple pattern
       val object = 100
           ^

scala> val `object` = 100
object: Int = 100

scala> println(`object`)
100
```

2.3 文の改行

CやJavaと異なり、文末のセミコロンは必須ではなく、省略することができます。ただし、1行に複数の文を記述するときにはセミコロンで区切る必要があります。実例で見るとセミコロンを省略して記述している場合が明らかに多いです。

```
scala> println("hello")
hello

scala> println("hello"); println("world")
hello
world
```

```
scala> println("hello") println("world")
<console>:13: error: value println is not a member of Unit
              println("hello") println("world")
                               ^
```

　案の定、セミコロンで区切られているので、エラーが発生しています。ただし、エラーメッセージとしてはそのものズバリの内容ではありません。これは後の章でも出てきますが、前の `println()` の結果値が後ろの `println()` の引数になっているのが原因と思われます。このあたりは、後の章で出てきます。

2.4 各種のリテラル

　Scala も Java と同様に各種のリテラルが用意されていますが、Java よりも種類が増えています。

表2.2●各種のリテラル

種類	例	対応する型	説明
32ビット符号つき整数（10進数）	123	Int	（暗黙の）型変換でByte、Shortにも対応
32ビット符号つき整数（8進数）	0123	Int	（暗黙の）型変換でByte、Shortにも対応。なお、Scala 2.10 からは非推奨になりました
32ビット符号つき整数（16進数）	0x12F, 0X12F, 0x12f, 0X12f	Int	（暗黙の）型変換でByte、Shortにも対応
64ビット符号つき整数（10進数）	1231, 123L	Long	
倍精度浮動小数点数	3.14, 314e-2, 314E-2	Double	

種類	例	対応する型	説明
単精度浮動小数点数	3.14, 314e-2f, 314E-2f, 314e-2F, 314E-2F	Float	
ユニコード文字	'A'	Char	シングルクオートで囲みます
ユニコード文字（8進数）	'\123'	Char	シングルクオートで囲みます
ユニコード文字（16進数）	'\u123F'	Char	**4桁で指定**します。シングルクオートで囲みます
文字列	"Hello"	String	ダブルクオートで囲みます
文字列	""""Hello.", he said."""	String	3連のダブルクオートで囲みます
真偽値	true, false	Boolean	大文字は不可
XML	\<title\>Scala入門\</title\>	Elm	ダブルクオートで囲みません

暗黙の型変換

暗黙の型変換については第8章で説明します。

エスケープシーケンスを用いて表される特殊文字を表2.3に示します。

表2.3●特殊文字

リテラル	ユニコード表記	説明
\n	\u000A	改行
\b	\u0008	バックスペース
\t	\u0009	タブ
\f	\u000C	改ページ
\r	\u000D	復帰
"	\u0022	ダブルクオート
'	\u0027	シングルクオート
\	\u005C	バックスラッシュ

ソースコード内にユニコードを指定することも可能であり、例えば識別子に使えます

```
scala> val \u58C7\u871C = "セクシー"
壇蜜: String = セクシー
```

3連続のダブルクオート（"""）で囲むと中にダブルクオートが入っていてもエラーにはなりません。

```
scala> val s = """"Hello.",he said."""
s: String = "Hello.",he said.
```

複数行に渡って文字列を記述することも許されます。

```
scala> val s = """智に働けば角が立つ。
     |情に棹させば流される。
     |意地を通せば窮屈だ。
     |とかくに人の世は住みにくい。"""
s: String =
智に働けば角が立つ。
情に棹させば流される。
意地を通せば窮屈だ。
とかくに人の世は住みにくい。
```

|とstripMarginメソッドを使うとインデントを揃えることができます。

リスト2.1 ● str.scala

```
val s = """|からころも
           |きつつなれにし
           |つましあれば
           |はるばるきぬる
           |たびをしぞおもふ""".stripMargin

println(s)
```

```
$ scala str.scala
からころも
きつつなれにし
つましあれば
はるばるきぬる
たびをしぞおもふ
$
```

Scala 2.10 より、文字列リテラルに変数を埋め込むことができるようになりましたので、+ で連結を繰り返す記述を避けることができるようになりました。

この場合、s" 〜 " のように冒頭に s をつける必要があります。そして、変数の識別子の前には $ をつけます。

かつ、メソッドを呼び出したりなど記述が単純でない場合には、${ 〜 } のように中括弧で囲う必要があります。

```
scala> val location = "tokyo"
location: String = tokyo

scala> println(s"Here is $location")
Here is tokyo

scala> println(s"Here is ${location.toUpperCase}")
Here is TOKYO
```

数値などでは出力書式の指定も可能です。

```
scala> val pai = 3.141592
pai: Double = 3.141592

scala> println(f"pai = $pai%1.2f")
pai = 3.14
```

$ そのものを表示させる場合にはエスケープさせる必要があります。この

ときは $$ と記述するようにします。

```
scala> val price = 100
price: Int = 100

scala> println(s"Price $$$price")
Price $100
```

2.4.1 シンボルリテラル

　シンボルリテラルは定義済みのクラスである scala.Symbol クラスのインスタンスに自動的にマッピングされます。この概念は Ruby にも存在します。

　同じシンボルリテラルを複数回記述しても、まったく同一の Symbol インスタンスを参照しますので、重複を避けることができます。よって、Map や HashMap のキーに使われることを想定しています。

```
scala> val symbol1 = 'KEY
symbol1: Symbol = 'KEY

scala> val symbol2 = Symbol("KEY")
symbol2: Symbol = 'KEY

scala> symbol1 eq symbol2
res3: Boolean = true
```

　上記の eq というのはインスタンスが同一なのか否かを判定するメソッドです。詳しくは「2.11.4　オブジェクトの等価性（比較）」を参考にしてください。

2.5 コメント

Javaと記法は同じですが、複数行コメント（/* ～ */）はネストさせることができます。なお、javadocと同様のscaladocコマンドが用意されていますので、それに使用するコメントならば、(/** ～ */)を用います。

リスト2.2●コメント

```
// comment

/* comment */

/*
  /*
   * comment
   */
 */

/*
 // comment
 */

/*                                                            */
**         _____ ___   / /   ___          Scala API       **
**        / __/ __// _ | / /  / _ |         (c) 2002-2013, LAMP/EPFL  **
**      __\ \/ /__/ __ |/ /__/ __ |         http://scala-lang.org/    **
**     /____/\___/_/ |_/____/_/ | |                           **
**                              |/                            **
\*                                                            */

/**
 * Created with IntelliJ IDEA.
 * User: naruki
 * Date: 2013/09/15
```

```
 * Time: 6:21
 * To change this template use File | Settings | File Templates.
 */
```

2.6 タプル

　コンテナオブジェクトの一種で、後から内容の変更は不可(イミュータブル)ですが、異なる複数の型を扱うことができます。ただし、同時に扱える値の数は 22 個までに制限されています。

　関数の結果値で複数の値を返したい場合に便利です。また、格納されている個々の値を取り出す場合はアンダースコアに取得したい順序の番号(1 オリジン)を指定することで取り出すこともできますし、格納している個数の数だけ変数を宣言してそれぞれ取得することが可能です。

```
scala> val t1 = (1,"東京都")
t1: (Int, String) = (1,東京都)

scala> val t2 = (1,"東京都","新宿区")
t2: (Int, String, String) = (1,東京都,新宿区)

scala> t1._1
res0: Int = 1

scala> t2._3
res1: String = 新宿区

scala> val (a,b,c) = t2
a: Int = 1
b: String = 東京都
c: String = 新宿区
```

2.7 制御構造

Scalaでは基本的にJavaと同様の制御構造を持っていますが、細かい点で異なるところもあります。

2.7.1 if式

構文自体はJavaと同じですが、ifの構造自体が値を取りますので、**if文ではなくて、if式と呼びます**。

```
scala> val i = 5
i: Int = 5

scala> if(i % 2 == 0) {
     |     println("even")
     | } else {
     |     println("odd")
     | }
odd
```

if～else自体の構造が値を取る例を以下に示します。

```
scala> val result = if(i % 2 == 0) 1 else 0
result: Int = 0

scala> val result = if(i % 2 == 0) 1
result: AnyVal = ()

scala> val i = 4
i: Int = 4

scala> val result = if(i % 2 == 0) 1
result: AnyVal = 1
```

```
scala> val i = 3
i: Int = 3

scala> val result = if(i % 2 == 0) 1
result: AnyVal = ()
```

if 式にはいくつかのポイントがあります。

- それぞれのブロックで最後に評価された値が if 式としての値となり、どの値を取るかは条件式の判定次第となります。
- else の記述がなかったり、値を返さないケースがある場合は、その if 式は AnyVal 型を取ります。
- その上で、値を返さないケースに当たる場合は、Unit 型が if 式としての値となります。

なお、Scala には 3 項演算子は存在しないので if 式を利用することになります。

2.7.2 for 式

ありがちな単純なループは以下のように記述します。なおループに使用する変数はあらかじめ宣言する必要はありません。ただし、その変数にループ処理内部での再代入は許可されません。

```
scala> for(i <- 1 to 5) println(i)
1
2
3
4
5

scala> for(i <- 1 to (10,2)) println(i)
1
```

```
3
5
7
9

scala> for(i <- Range(3,5)) println(i)
3
4
```

Range クラス

Range クラスは一定の範囲の値を集めたリストを生成することができます。詳しくは、第6章で説明します。

if 式を追加してフィルタリングを行うこともできます。

```
scala> for(i <- 1 to 10 if i % 2 ==0) println(i)
2
4
6
8
10
```

複数の if 式を指定した場合は、and 条件（&&）で連結したの同じことになります。

```
scala> for(i <- 1 to 50
     |   if i % 3 == 0
     |   if i % 5 == 0) println(i)
15
30
45
```

or 条件で連結したいのならば、以下のように記述します。

```
scala> for(i <- 1 to 50
     |   if i % 3 == 0 ||
     |   i.toString.contains("3")) print(s"$i ")
3 6 9 12 13 15 18 21 23 24 27 30 31 32 33 34 35 36 37 38 39 42 43 45
48
```

for 式は本来は結果値は存在せず、Unit を返すのですが、yield を利用することで結果を要素に持つコレクションを返します。ただし、どういったコレクションで返されるかは、一定ではありません。

```
scala> for(i <- 1 to 50
     |   if i % 3 == 0 ||
     |   i.toString.contains("3")) yield i
res19: scala.collection.immutable.IndexedSeq[Int] = Vector(3, 6, 9,
12, 13, 15, 18, 21, 23, 24, 27, 30, 31, 32, 33, 34, 35, 36, 37, 38,
39, 42, 43, 45, 48)
```

もう 1 つ例を挙げておきます。

```
scala> val list = List("January", "February", "March", "April",
     |                "May", "June", "July", "August",
     |                "September", "October", "November", "December")
list: List[String] = List(January, February, March, April, May, June,
 July, August, September, October, November, December)

scala> val result = for(s <- list
     |   if s.contains("r"))
     |   yield s"You can eat an oyster in ${s.toUpperCase}"
result: List[String] = List(You can eat an oyster in JANUARY, You can
 eat an oyster in FEBRUARY, You can eat an oyster in MARCH, You can e
at an oyster in APRIL, You can eat an oyster in SEPTEMBER, You can ea
t an oyster in OCTOBER, You can eat an oyster in NOVEMBER, You can ea
t an oyster in DECEMBER)
```

つまり、yieldによって、任意の値をfor式の結果として、新たなコレクションを生成させることができます。

2.7.3　whileとdo～whileループ

構文はJavaと同一ですが、if式と異なって、値を返すことはなくUnit型を返すことになります。前述のyieldはfor式と組み合わせるものなので、whileとdo～whileループで組み合わせて使うことはできません。

```
scala> var i = 0
i: Int = 0

scala> while(i < 5) {
     |    println(i)
     |    i = i + 1
     | }
0
1
2
3
4

scala> i = 0
i: Int = 0

scala> do {
     |    println(i)
     |    i = i + 1
     | } while(i < 0)
0
```

2.8 関数（メソッド）の定義と呼び出し

これも構文がJavaとは異なります。また、プログラムの実行のさせ方にもよりますが、必ずしもどれかのクラスのメンバーである必要もありません。

```
scala> def add(a: Int,b: Int) = a + b
add: (a: Int, b: Int)Int

scala> add(1,2)
res6: Int = 3

scala> def printValue(a: Int,b: Int) = {
     |   println(s"a = $a b = $b")
     | }
printValue: (a: Int, b: Int)Unit

scala> printValue(2,3)
a = 2 b = 3
```

関数およびメソッドについては第3章で詳しく解説します。

2.9 演算子

Scalaでは正確には演算子はメソッドであり、文法的に独立して演算子が存在しているわけではありません。例えば、1 + 1 という演算を例にしますと、

```
scala> val sum = 1 + 2
sum: Int = 3
```

```
scala> val sum = (1).+(2)
sum: Int = 3
```

上記のように、+ という名称のメソッド呼び出しに置き換えられます。また、2項演算子だけでなく、単項演算子も同様にメソッド呼び出しですが、前置の形式で呼び出せるのは「+、-、!、~」の識別子に限られています。

演算子の優先順位はメソッドを呼び出す優先順位が定義されているため、それに従って処理が行われます。以下に優先順位を示します。**メソッドの先頭文字**がより先に来ているものが優先順位がより高いものとなります。

表2.4●演算子となるメソッドの先頭文字

文字
(以下に掲載のないすべての特殊文字)
* / %
+ -
: (例　[a : b (b.:(a) と解釈されます)
= !
< >
&
^
|
(すべての英字)
(すべての代入演算子)

2.10 例外処理

Scala ではチェック例外は存在しませんので、コンパイルエラーを避けるために catch したり、例外を throws で投げ直したりする必要はありません。

かつ、try ～ catch 自体が式ですので、値を持つことができます。例外

クラスの種類に応じて持つ値を決めることができ、そのためにパターンマッチと呼ばれる構文を使用します。以下の例のように Java の switch 〜 case 文のような条件分岐を行います。

case に関しては「第 4 章　パターンマッチ」で詳しく解説します。

```
scala> val a = try {
     |     "Hello".toInt
     | } catch {
     |     case e: java.lang.NumberFormatException => 0
     | }
a: Int = 0
```

ただし finally のブロックは値を返しません。以下の例ですと、値を返すことに対して警告を発しています。

```
scala> val a = try {
     |     "Hello".toInt
     | } catch {
     |     case e: java.lang.NumberFormatException => 0
     | } finally {
     |     777
     | }
<console>:15: warning: a pure expression does nothing in statement po
sition; you may be omitting necessary parentheses
       777
       ^
a: Int = 0
```

なお、case _ :　〜と記述すると理屈ではいかなる例外でも捕捉することになりますが、Scala 2.10 では警告を発するようになりましたので、Throwable で catch すべきです。

```
scala> var count = 0
count: Int = 0
```

```
scala> val src: scala.io.Source =
     |     scala.io.Source.fromURL("http://www.yahoo.co.jp/","UTF-8")
src: scala.io.Source = non-empty iterator

scala> try {
     |     src.getLines.foreach { line =>
     |         count = count + 1
     |     }
     | } catch{
     |   case _ => println("error!")
     | } finally {
     |   if(src != null) src.close()
     | }
<console>:15: warning: This catches all Throwables. If this is really
 intended, use `case _ : Throwable` to clear this warning.
               case _ => println("error!")
                    ^

scala> println(s"count = $count")
count = 234
```

発生しうる例外として、メモリが足りないなどの JVM として致命的な例外をも含むことになります。そういった例外も捕捉するかどうか、ということで警告を発していますので、以下のようして、致命的でない例外のみを補足するようにします。

```
scala> var count = 0
count: Int = 0

scala> val src: scala.io.Source =
     |     scala.io.Source.fromURL("http://www.yahoo.co.jp/","UTF-8")
src: scala.io.Source = non-empty iterator

scala> try {
     |     src.getLines.foreach { line =>
     |         count = count + 1
     |     }
```

```
    | } catch{
    |   case scala.util.control.NonFatal(e) => println("error!")
    | } finally {
    |   if(src != null) src.close()
    | }
scala> println(s"count = $count")
count = 234
```

2.11 クラス

2.11.1 クラス階層

Scala に備わっているクラス群の階層構造について簡単に解説します。

図2.1●クラス階層

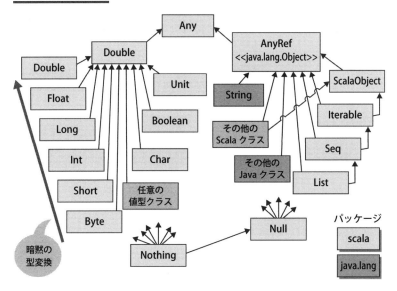

- すべてのクラスは Any クラスのサブクラスです。
- AnyVal クラスはすべての値型クラスのスーパークラスです。Scala 2.10 より、AnyVal クラスを継承して任意の値型クラスを定義できるようになりました。
- Boolean クラス以外の既出の値型クラスは Java の基本型に対応しています。
- AnyRef クラスは Java.lang.Object クラスの別名です。
- 値型でない Scala クラスは AnyRef のサブクラスであり、かつ ScalaObject トレイトのサブクラスでもあります。
- すべてのクラスのサブクラスとして Nothing クラスが存在します。
- AnyRef のすべてのサブクラスは Null クラスをサブクラスに持ちます。さらに、Null クラスのサブクラスは Nothing クラスです

2.11.2 クラスの定義とコンストラクタ

リスト 2.3 の簡単なサンプルはクラスを定義してコンストラクタも定義しています。

リスト2.3 ClassExample1.scala

```scala
class Rectangle0 {
  val width: Int = 100
  val height: Int = 200
  println(s"1:width = $width height = $height")
}

class Rectangle1(val width: Int,height: Int) {
  println(s"2:width = $width height = $height")

  def this(size : Int) {
    this(size,size)
    println(s"Square width = height = $width")
  }
}
```

2.11 クラス

```
object ClassExample1 {
  def main(args:Array[String]) {
    println("o1")
    val o1 = new Rectangle0
    println("o2")
    val o2 = new Rectangle1(200,300)
    println("o3")
    val o3 = new Rectangle1(100)
  }
}
```

```
$ scalac ClassExample1.scala
$ scala ClassExample1
o1
1:width = 100 height = 200
o2
2:width = 200 height = 300
o3
2:width = 100 height = 100
Square width = height = 100
```

クラス定義本体に書かれている記述がコンストラクタの実装となります。以下の Rectangle0 クラスは引数のないコンストラクタを定義し、その処理内容はフィールド width と height に値を設定して println でそれらの値を表示します。

```
class Rectangle0 {
  val width: Int = 100
  val height: Int = 200
  println(s"1:width = $width height = $height")
}
```

引数を取るコンストラクタはクラス名に続けてフィールドの定義を行います。このコンストラクタを**基本コンストラクタ**と呼びます。

Rectangle1 クラスは引数 2 つのコンストラクタを定義して、それぞれのフィールドに値を設定し、println でそれらの値を表示します。さらに引数 1 つのコンストラクタをオーバーロードしています。このようにオーバーロードしたコンストラクタ、つまり基本コンストラクタ以外のコンストラクタを**補助コンストラクタ**と呼びます。

　補助コンストラクタを定義する場合は、必ず既に定義されている別のコンストラクタを呼び出す必要があります。その呼び出しは、this(…) という記述となりますが、これが補助コンストラクタの実装の冒頭に位置することになり、そうしなければコンパイルエラーとなります。

　なお、補助コンストラクタの定義と次節で説明するメソッドの定義には def を使います。

```
class Rectangle1(val width: Int,height: Int) {
  println(s"2:width = $width height = $height")

  def this(size : Int) {
    this(size,size)
    println(s"Square width = height = $width")
  }
}
```

- クラス定義本体に書かれている記述がコンストラクタの実装となります。ただし、この場合は引数は取れません。
- 引数を取るコンストラクタはクラス名に続けてフィールドの定義を行います。このコンストラクタを基本コンストラクタと呼びます。
- 複数の引数を取るコンストラクタを追加する場合は補助コンストラクタを定義しますが、必ず既に定義されている別のコンストラクタを呼び出す必要があります。

2.11.3　クラスのメソッド

　もちろんクラスにメソッドを定義することも可能です。

2.11 クラス

リスト2.4 ClassExample2.scala

```
class Rectangle3(val width: Int,height: Int) {
  println(s"2:width = $width height = $height")

  def this(size : Int) {
    this(size,size)
    println(s"Square width = height = $width")
  }

  def getArea: Int = {
    width * height
  }
}

object ClassExample2 {
  def main(args:Array[String]) {
    val o = new Rectangle3(100)
    val area = o.getArea
    println(s"Area = $area")
  }
}
```

```
$ scalac ClassExample2.scala
$ scala ClassExample2
2:width = 100 height = 100
Square width = height = 100
Area = 10000
```

なお、getAreaメソッドの定義ではそうなっていますが、定義で中括弧の前に=が抜けていますと、結果値が存在しない(Unit)と見なされるので注意してください。

そして、通常結果値の型指定は省略できます。前述の例では明示してあります。省略した場合を以下に示します。

さらにですが、ScalaではRubyなどと同様に最後に評価された値が結果

値として採用されます。よって、通常はわざわざ return を書かない傾向があります。

```
class Rectangle3(val width: Int,height: Int) {
  println(s"2:width = $width height = $height")

  def this(size : Int) {
    this(size,size)
    println(s"Square width = height = $width")
  }

  def getArea = {
    width * height
  }
}
```

2.11.4 オブジェクトの等価性（比較）

Java を学習するときに必ずと言っていいほど出てくるトピックに、参照型としてのオブジェクト同士を比較演算子で比較した場合の挙動があります。これはそのオブジェクトの値ではなく、同一の参照として同じオブジェクトを指し示しているかどうかを比較することになります。一方、値そのものを比較する場合は equals メソッド（必要に応じてオーバーライドする）を使う、という話でした。

Scala では、このルールが改変されていますので注意しましょう。比較演算子は値として等しいかを判定します。

```
scala> val s1 = "Hello"
s1: String = Hello

scala> val s2 = "Hello"
s2: String = Hello

scala> s1 == s2
res0: Boolean = true
```

2.11 クラス

```
scala> s1.equals(s2)
res2: Boolean = true

scala> s1.eq(s2)
res3: Boolean = true

scala> val s3 = new String("Hello")
s3: String = Hello

scala> s1 == s3
res4: Boolean = true

scala> s1.eq(s3)
res5: Boolean = false

scala> s1 eq s3
res6: Boolean = false
```

- オブジェクトに対して比較演算子を用いますと、Javaにおける equals メソッドを呼び出したのと同じ結果を返します。
- 参照として同一かどうかを比較するには eq メソッドが用意されています。ちなみに同一でないかを比較するならば ne メソッドを使用します。

中置記法

最後の例のように、メソッドを呼び出すとき、引数が1つならば、ピリオドと引数を囲う括弧を省略できます（中置記法と呼びます）。

2.11.5 アクセス修飾子

アクセス修飾子についてのルールの基本を以下にまとめました。

- Scala では何もアクセス修飾子の指定をしなければ、Java における public として扱われます。ただし、Scala では public キーワードは使用しません。
- protected の扱いが Java とは異なり、サブクラスからはアクセス可能ですが、同一パッケージの別クラスからはアクセス不可となります。
- インナークラスの private フィールドは、Java とは異なりアクセス不可です。
- 後述のコンパニオンオブジェクトではさらに特別なアクセス権を保持します。

表2.5●修飾子

修飾子	自クラス	パッケージ	サブクラス	任意のクラス
なし	○	○	○	○
protected	○	×	○	×
private	○	×	×	×

アクセス修飾子を記述する箇所はクラスとメソッドの定義では先頭部分ですが、基本コンストラクタの場合に限って、クラス名と引数の間に記述します。

```
scala> class Example private(a: Int,b: Int)
defined class Example
```

さらに Scala では限定子と呼ばれる記述を用いてさらに細かくアクセス範囲を指定することができます。[ ] で囲うことになるのですが、囲う対象となるのは、パッケージ、クラス、自インスタンス（this）となります。

- パッケージ　自身が属するパッケージ名のみを指定可能です。特に protected[自パッケージ名] とすると Java の protected と範囲が一

致します。
- クラス　自分自身の外側に位置するクラスのみ指定可能です。
- 自インスタンス　同一クラスではなく、自分自信のインスタンスのみが対象となります。つまり this によって参照できる範囲です。

リスト2.5 ● accesscheck.scala

```
package myPackage

object ObjectB {

  object ObjectA {
    protected[myPackage] val a = 1
    private[myPackage] val b = 2

    protected[ObjectB] val c = 3
    private[ObjectB] val d = 4
  }

  def f = {
    println(s"a = ${ObjectA.a}")
    println(s"b = ${ObjectA.b}")
    println(s"c = ${ObjectA.c}")
    println(s"d = ${ObjectA.d}")
  }
}

object run extends App {
  ObjectB.f
}

// この位置にObjectAを置いてもエラーになります
/*
object ObjectA {
  protected[myPackage] val a = 1
  private[myPackage] val b = 2
```

```
    protected[ObjectB] val c = 3
    private[myPackage] val d = 4
  }
*/
```

```
$ scalac accesscheck.scala
$ scala myPackage.run
a = 1
b = 2
c = 3
d = 4
```

protected[this]は、サブクラスからのアクセスが可能ですが、その場合でもthisを介してアクセスする必要があります。

リスト2.6 ● accesscheck2.scala

```
class ClassA {
  protected[this] val e = 5
  private[this] val f = 6

  def myFunc = {
    val o = new ClassA
    /* 違うインスタンスを作ってしまえばアクセス不可 */
    //println(s"e = ${o.e}")
    //println(s"f = ${o.f}")
    println(s"e = ${this.e}")
    println(s"f = ${this.f}")
  }
}

class SubA extends ClassA {
  def subFunc = {
    val o = new ClassA
    /* 違うインスタンスを作ってしまえばアクセス不可 */
    //println(s"e = ${o.e}")
```

```
      //println(s"f = ${o.f}")

      println(s"e = ${this.e}")
      /* private[this]は自インスタンスからのみアクセス可能 */
      //println(s"f = ${this.f}")
    }
  }

  object run extends App {
    (new SubA).subFunc
    println("---")
    (new SubA).myFunc

  }
```

```
$ scalac accesscheck2.scala
$ scala run
e = 5
---
e = 5
f = 6
```

限定子も考慮したアクセスの可否を表 2.6 にまとめておきます。

表2.6●修飾子、限定子のアクセス

	自クラス	パッケージ	サブクラス	任意のクラス	外側クラス	自インスタンス
なし	○	○	○	○	×	×
protected	○	×	○	×	×	×
private	○	×	×	×	×	×
protected[自パッケージ名]	○	○	○	×	×	×
private[自パッケージ名]	○		×	×		
protected[外側クラス名]	○	×	○	×	○	×
private[外側クラス名]	○	×	×	×		
protected[自インスタンス]	×	×	○	×	×	○
private[自インスタンス]		×	×	×		

2.11.6 継承

クラスの継承について、サンプルプログラムを示した上で、Scala での特徴を列挙します。

```
scala> class Shape(val area: Int)
defined class Shape

scala> class Rectangle(val width: Int,val height: Int) extends Shape(
     |     width * height) {
     |   def this(size: Int) = this(size, size)
     | }
defined class Rectangle

scala> val o = new Rectangle(12)
o: Rectangle = Rectangle@47c5424a

scala> o.area
res44: Int = 144
```

- サブクラスの基本コンストラクタはスーパークラスのコンストラクタ（基本でも補助でもよい）を呼び出す必要があります。
- サブクラスの補助コンストラクタからスーパークラスのコンストラクタは直接呼び出すことは許されていません。
- Java と同様に多重継承は許されていません。
- final を指定することでそれ以上継承させることを抑止できます。

2.11.7 メソッドのオーバーライド

メソッドのオーバライドを行う際に、Scala での特徴を列挙します。

- Java と異なり、メソッドをオーバーライドするには、明示的に override キーワードを記述する必要があります。
- Java と異なり、フィールドもオーバーライドできます。Java ではスー

パークラスとサブクラスで別々の領域を保持し、サブクラスから見るとスーパークラスの領域を隠蔽していますので、オーバーライドしているとは言えません。
- フィールドのオーバーライドの場合、valフィールドはoverrideキーワードが必要ですが、varフィールドでは必要ありません。
- フィールドとメソッドについてもJavaと同様にfinalを指定してオーバーライドさせることを抑止することができます。

以下の例では、RectangleInInchクラスでは寸法となるwidthとheightをコンストラクタで初期化するときの単位がインチなのでセンチメートルに変換しています。その処理を両方のフィールドをオーバーライドさせることで実施しています。

一方、getAreaで面積を求めるときの単位はメソッド名では判断がつきませんが、今回は平方インチで出力させることにしています。よって、こちらもメソッドをオーバーライドさせて単位の変換を行っています。

```
scala> class Shape(val area: Double)
defined class Shape

scala> class Rectangle(val width: Double,val
     |     height: Double) extends Shape(0) {
     |   def getArea = width * height
     | }
defined class Rectangle

scala> class RectangleInInch(val _width: Double,
     |     val _height: Double) extends Rectangle(0,0) {
     |   override val width: Double = _width * 2.54
     |   override val height: Double = _height * 2.54
     |   override def getArea = width * height / (2.54 * 2.54)
     | }
defined class RectangleInInch

scala> val o = new RectangleInInch(10,20)
```

```
o: RectangleInInch = RectangleInInch@60303ea4

scala> o.width
res0: Double = 25.4

scala> o.height
res1: Double = 50.8

scala> o.getArea
res2: Double = 200.0
```

2.11.8 抽象クラス

Scalaでは抽象メソッドに加えて抽象フィールドを定義することができます。

その特徴を列挙します。

- Javaとは異なり、抽象メソッドにabstractキーワードを付加しなくてよいです。実装自体が存在するかしないかで判断されます。
- Javaとは異なり、抽象フィールドの定義も可能です。
- 抽象フィールドとメソッドがすべて実装されなければ、インスタンスは生成できません。

クラスの定義にはabstractキーワードを付加します。フィールドwidthとheightは抽象フィールドとなります。

```
scala> abstract class Shape {
     |     def getArea: Double
     |     val width: Double
     |     val height: Double
     | }
defined class Shape
```

Rectangleクラスは抽象フィールドwidthとheightを実装します。さ

らに getArea メソッドも実装しています。

```
scala> class Rectangle(val width: Double,
     |     val height: Double) extends Shape {
     |   def getArea = width * height
     | }
defined class Rectangle
```

Rectangle クラスはすべての Shape クラスの抽象フィールドと抽象メソッドが実装されているので、インスタンスを生成することが許されます。

```
scala> val o1 = new Rectangle(10,20)
o1: Rectangle = Rectangle@39adf55

scala> o1.width
res3: Double = 10.0

scala> o1.height
res4: Double = 20.0
```

当然 Shape クラスのインスタンスは生成することはできません。

```
scala> val o2 = new Shape
<console>:8: error: class Shape is abstract; cannot be instantiated
       val o2 = new Shape
                ^
```

以下の例だと getArea メソッドを実装していないので、Rectangle クラスは依然として抽象クラスのままと見なされるので、abstract キーワードが必要です。

```
scala> class Rectangle(val width: Double,
     |     val height: Double) extends Shape {
     | }
<console>:8: error: class Rectangle needs to be abstract, since method getArea in class Shape of type => Double is not defined
```

```
       class Rectangle(val width: Double,val height: Double) extends Shape {
                                                                          ^
```

2.11.9 ケースクラス

ケースクラスは非常に強力な文法です。ぜひとも活用できるようにしましょう。

```
scala> case class User(id: Int,name: String,address: String)
defined class User

scala> val u1 = User(1,"Yamada","Tokyo")
u1: User = User(1,Yamada,Tokyo)

scala> u1.address
res0: String = Tokyo

scala> u1.address = "Osaka"
<console>:10: error: reassignment to val
       u1.address = "Osaka"
                  ^
```

上記のように記述することでケースクラスを定義できます。ケースクラスには以下の特徴があります。

- new を使わなくてもインスタンスを生成することが可能です。
- 指定しなくても基本コンストラクタのフィールドに val を指定します。
- 自動的に equals、hashCode、toString、copy メソッドを実装します。
- フィールドの値をコピーして新規インスタンスを生成する copy メソッドを自動的に実装します。
- インスタンスの型が一致するか検査する canEqual メソッドを自動的に実装します。
- コンパニオンオブジェクト（後の項で説明）を自動生成し、apply メソッ

2.11 クラス

ドと unapply メソッドを自動的に実装します。

上記の自動生成メソッドについて動作を試してみます。ただし、applay メソッドと unapply メソッドについては説明を後の節に譲ります。

```
scala> val u2 = User(1,"Fukuhara","Nagano")
u2: User = User(1,Fukuhara,Nagano)

scala> u1.equals(u2)
res3: Boolean = false

scala> u1.hashCode
res4: Int = -1059154706

scala> u1.toString
res5: String = User(1,Yamada,Tokyo)

scala> val uu = u2.copy()
uu: User = User(1,Fukuhara,Nagano)

scala> u2.canEqual(User(1,"Yamada","Tokyo"))
res7: Boolean = true
```

var を明示することで、そのフィールドを再代入可能にすることもできます。

```
scala> case class User(id: Int,name: String,var address: String)
defined class User

scala> val u1 = User(1,"Yamada","Tokyo")
u1: User = User(1,Yamada,Tokyo)

scala> u1.address
res0: String = Tokyo

scala> u1.address = "Osaka"
```

```
u1.address: String = Osaka

scala> u1.address
res1: String = Osaka
```

copyメソッドに名前つきパラメーターを使用することでもフィールドの値を変更したインスタンスを得られます。

```
scala> case class User(id: Int,name: String,address: String)
defined class User

scala> val u1 = User(1,"Yamada","Tokyo")
u1: User = User(1,Yamada,Tokyo)

scala> val u2 = u1.copy(address="Osaka")
u2: User = User(1,Yamada,Osaka)

scala> u2.toString
res0: String = User(1,Yamada,Osaka)
```

2.11.10　シングルトンオブジェクト

classではなくobjectを指定すると、そのオブジェクトはシングルトンのインスタンスであることが保証され、唯一のインスタンスとして自動生成されます。

シングルトンオブジェクトは基本コンストラクタも補助コンストラクタも定義することが許されていません。また、インスタンスが自動生成されますので、newキーワードも使用せず、シングルトンオブジェクトの名称を直接指定します。

Javaにおけるstaticの概念は、Scalaにはありません。objectもあくまでもシングルトンオブジェクトなので、staticと等価ではないことに注意してください。

```
scala> object Inch2Cm {
     |     def convert(inch: Double): Double = inch * 2.54
     | }
defined module Inch2Cm

scala> Inch2Cm.convert(10)
res5: Double = 25.4
```

> **ケースオブジェクト**
>
> case object と指定することで、シングルトンオブジェクトとなるケースクラスを定義することができます。ただし、用途は限られます。想定される使い方の例として、enum 型に当たるデータを定義できます。具体的な使い方については「第4章 パターンマッチ」で説明します。

2.11.11 コンパニオンオブジェクト

同じ1つのソースファイルに同一名称のクラスとシングルトンオブジェクトを定義すると、そのシングルトンオブジェクトは**コンパニオンオブジェクト**となります。

クラスとコンパニオンオブジェクトはアクセス修飾子の指定の原則の例外としてお互いの private のフィールドとメソッドにアクセスが可能となります。

リスト2.7 ● CompanionObjectExample.scala

```
class User(id: Int,name: String,address: String) {
  def display = println(s"id: $id name: $name address $address")
}

object User {
  def apply(id: Int,name: String,address: String) =
```

```
        new User(id,name,address)
  }

  val u1 = User(1,"yamada","Tokyo")
  u1.display
```

```
$ scala CompanionObjectExample.scala
id: 1 name: yamada address Tokyo
```

通常コンパニオンオブジェクトではファクトリメソッドを実装します。applyメソッドは、呼び出すときにapplyというメソッド名称を省略して、User(1,"yamada","Tokyo")のように記述することができます。

ケースクラスでapplyメソッドが自動生成されるというのは、実際にはコンパニオンオブジェクトが自動生成されてapplyメソッドも自動生成されることを示します。よって、newを用いなくてもインスタンスを生成できるというのは、実はapplyメソッドを呼び出していることに他なりません。

```
scala> case class User(id: Int,name: String,address: String)
defined class User

scala> val u2 = User.apply(1,"Fukuhara","Nagano")
u2: User = User(1,Fukuhara,Nagano)

scala> val u2 = User(1,"Fukuhara","Nagano")
u2: User = User(1,Fukuhara,Nagano)
```

2.11.12 抽出子

抽出子はapplyメソッドでは逆にインスタンスの状態を「抽出」する役割を持ち、unapplyメソッドによって実装されます。

2.11 クラス

リスト2.8 ● CompanionObjectExample2.scala

```
class User private (val id: Int,val name: String,val address: String) {
  def display = println(s"id: $id name: $name address $address")
}

object User {
  def apply(id: Int,name: String,address: String) =
    new User(id,name,address)
  def unapply(user: User): Option[(Int,String,String)] =
    Some((user.id,user.name,user.address))
}

val u1 = User(1,"yamada","Tokyo")
u1.display
println("-----")
val User(a,b,c) = u1
println(a)
println(b)
println(c)
```

```
$ scala CompanionObjectExample2.scala
id: 1 name: yamada address Tokyo
@@@@@
1
yamada
Tokyo
```

unapplyメソッドはタプルによってUserクラスインスタンスのフィールドの状態を返すようにしていますが、抽出子であるunapplyメソッドを実装する場合にはうまく「抽出」できなかった場合を考慮する必要があります。Scalaではそのような用途のためにOption型を用意しています。Option型については、「第4章 パターンマッチ」で説明します。unapplayメソッドはOption型のタプルを返すことでスムーズにオブジェクトのフィールドの値を抽出して返すことが要求されます。

```
val User(a,b,c) = u1
```

この1行で、unapplyメソッドが呼び出され、変数a、b、cそれぞれにUserクラスのフィールドの値がそれぞれ格納されているのが結果の表示からわかります。

ケースクラスでは、このunapplyメソッドが自動的に生成されます。

```
scala> case class User(id: Int,name: String,address: String)
defined class User

scala> val u1 = User(1,"yamada","Tokyo")
u1: User = User(1,yamada,Tokyo)

scala> val User(a,b,c) = u1
a: Int = 1
b: String = yamada
c: String = Tokyo
```

2.12 パッケージとインポート

2.12.1 パッケージの宣言

Javaとパッケージとインポートの概念は同一ですが、具体的なpackageとimportキーワードの使い方についてはいくつかバリエーションがあります。

リスト2.9 ● PackageExample.scala

```
package com.example

class Test1
```

```
package driver {

  class Test2

}

package file {

  class Test3

  package text {

    class Test4
  }

  package binary {

    class Test5
  }
}
```

```
$ scalac PackageExample.scala
$ find ./com
./com
./com/example
./com/example/driver
./com/example/driver/Test2.class
./com/example/file
./com/example/file/binary
./com/example/file/binary/Test5.class
./com/example/file/Test3.class
./com/example/file/text
./com/example/file/text/Test4.class
./com/example/Test1.class
```

リスト2.10 PackageExample2.scala

```
package jp.example
package application
class Test6
```

```
$ scalac PackageExample2.scala
$ find ./jp
./jp
./jp/example
./jp/example/application
./jp/example/application/Test6.class
$
```

2.12.2 パッケージのインポートのバリエーション

1. `import java.util.regex`
   例えば java.util.regex.Pattern クラスを、regex.Pattern と記述できます。
2. `import java.util.regex.Patterm`
   java.util.regex.Pattern クラスを単に Pattern と記述できます。
3. `import java.util.regex.{Patterm,Matcher}`
   Pattern と Matcher クラス両方をインポートします。
4. `import java.util.regex.{Pattern => Ptn}`
   クラスに別の名前を与えてインポートします。
5. `import java.util.regex.{Pattern => _ }`
   Pattern クラスを除外してインポートします。
6. `import java.io._`
   java.io パッケージ内のすべてのクラスをインポートします。
7. `import java.lang.Math._`
   java.lang.Math パッケージの static メソッドをインポートしま

す。同様にしてシングルトンオブジェクトに定義されたものもインポートできます。

なお、Scala ではどの箇所でインポートしてもよいので、ソースコードの先頭に記述する義務はありません。以下に例を示します。

```
scala> object ImportSample {
     |    def getTime = {
     |       import java.time.LocalDateTime
     |       LocalDateTime.now
     |    }
     | }
defined object ImportSample
```

2.12.3 デフォルトでインポートされるパッケージ

以下のパッケージは明示しなくても暗黙的にインポートされます。

```
import java.lang._
import scala._
import Predef._
```

- Predef パッケージは println メソッドなど様々なメソッドが定義されており、特に多数の暗黙の型変換メソッドが定義されています。

また、インポートするパッケージの指定は相対指定と絶対指定が可能です。

通常のやり方で scala.xml.XML パッケージをインポートします。

```
scala> import scala.xml.XML
import scala.xml.XML
```

デフォルトでscalaパッケージはインポートされているので、以下のように指定しても、scala.xml.XMLパッケージをインポートできます。

```
scala> import xml.XML
import xml.XML
```

ルートパッケージからの絶対指定であることを明示するには、以下のように記述します。

```
scala> import _root_.scala.xml.XML
import _root_.scala.xml.XML
```

第3章

関数詳説

3 関数詳説

3.1 関数リテラル

　関数とメソッドは Scala ではまったく異なった概念です。これは Scala が関数型言語である証左ですが、オブジェクト指向の性質も持っているからという背景も存在しますので、とても混同しやすいポイントです。
　Scala における関数の概念は次のような特徴を持ちます。

- 関数はオブジェクトですが、メソッドはオブジェクトではありません。関数はオブジェクトですので、関数を変数に代入することができます。

　以下の例は変数 f に関数を代入しています。代入している関数自体には名前がありませんので**無名関数**であり、文字列を代入するために文字列リテラルがあるのと同じように、**関数リテラル**と呼びます。
　関数リテラルの記述はまず、引数を示し => で関数の処理を続けることで記述します。
　以下の例では代入の操作が記述されていますが、変数 f を宣言しているのが左辺で、右辺には (i: Int) を引数とし、関数の処理として i * i の値を結果値とする関数リテラルが定義されています。
　そこで、変数 f を用いてその関数を呼び出すことが可能となります。

```
scala> val f = (i: Int) => i * i
f: Int => Int = <function1>

scala> f(10)
resX: Int = 100
```

　引数がない関数リテラルも記述可能です。

```
scala> val f = () => Int.MaxValue
f: () => Int = <function0>
```

3.1 関数リテラル

```
scala> f()
resX: Int = 2147483647
```

型推論の機能により、引数の型を推論可能ならば、省略可能です。

```
scala> val f:Int => Int = (i) => i * i
f: Int => Int = <function1>
```

```
scala> f(12)
res8: Int = 144
```

この場合の変数 f は Int を引数に 1 つ取り、結果値が Int である関数を扱う型であることが明示されていますので、関数リテラル本体で型推論が可能になり、省略が可能になっています。

よって、最初の例は本来丁寧に記述するならば、

```
scala> val f:Int => Int = (i: Int) => i * i
f: Int => Int = <function1>
```

となります。

かつ、引数が 1 つで型を省略した場合は、丸括弧をも省略できます。

```
scala> val f:Int => Int = i => i * i
f: Int => Int = <function1>
```

次に引数が 2 つある例を挙げます。

```
scala>   val f:(Int, Int) => Int = (x, y) => x * y
f: (Int, Int) => Int = <function2>
```

もちろんブロックを用いることもできます。

```
scala>   val f:(Int, Int) => Int = (x, y) => {
     |     val i = x * y
     |     println(i)
```

```
      |   i
      | }
f: (Int, Int) => Int = <function2>
```

ブロックを用いた場合は以下のように記述することも可能です。

```
scala> val f:(Int, Int) => Int = { (x, y) =>
     |   val i = x * y
     |   println(i)
     |   i
     | }
f: (Int, Int) => Int = <function2>
```

関数リテラルにおいて、結果値の型を明示的に指定するなら、以下のように記述します。

```
scala> val f = (i: Int) => i * 2
f: Int => Int = <function1>

scala> val f = (i: Int) => i * 2 : Double
f: Int => Double = <function1>
```

これらの関数リテラルを記述するパターンには慣れておいた方がよいでしょう。Scala においては関数リテラルを記述して活用する場面は多く登場します。

3.2 プレースホルダー構文

関数リテラルの記述をさらに簡略化するために**プレースホルダー構文**があります。ある引数の使用する箇所が 1 箇所のみの場合、_（アンダースコア）を使って簡略に記述できます。

3.2 プレースホルダー構文

```
scala> val f:Int => Int = i => i + 1
f: Int => Int = <function1>

scala> f(10)
res10: Int = 11

scala> val f:Int => Int = _ + 1
f: Int => Int = <function1>

scala> f(10)
res11: Int = 11
```

1箇所だけという制約がありますので、前に例示した関数でプレースホルダー構文を使おうとしてもエラーになってしまいます。

```
scala> val f:Int => Int = _ * _
<console>:7: error: wrong number of parameters; expected = 1
       val f:Int => Int = _ * _
                          ^
```

プレースホルダー構文で1箇所だけで使用可能という制約は、裏返すと複数の引数の使用が可能です。複数の引数でそれぞれ使用箇所が1箇所のみの場合にはプレースホルダー構文を使うことが可能です。

```
scala> val f:(Int,Int) => Int = ((a, b) => a + b)
f: (Int, Int) => Int = <function2>

scala> val f:(Int,Int) => Int = (a, b) => a + b
f: (Int, Int) => Int = <function2>

scala> f(2,3)
res13: Int = 5

scala> val f:(Int,Int) => Int = _ + _
f: (Int, Int) => Int = <function2>
```

```
scala> f(2,3)
res14: Int = 5
```

変数 f の型を推論させるようにプレースホルダー構文を用いるには以下のようにします。

```
scala> val f = (_: Int) + (_: Int)
f: (Int, Int) => Int = <function2>
```

3.3 メソッド

Scala においてメソッドは Java と同様に何らかのクラスに所属することになります。ただし、対話型のインターフェースである REPL と Scala コマンドによるインタープリターでの実行では例外として単純にメソッドを定義することが可能です（ただし、あくまでもメソッドなのでオブジェクトとしては認められません）。

```
scala> def printMessage(s: String) = {
     |   println("Message: " + s)
     | }
printMessage: (s: String)Unit

scala> printMessage("Hello!")
Message: Hello!
```

1 行で記述できるのであれば、ブロックを作る必要はありません。

```
scala> def printMessage(s: String) = println("Message: " + s)
printMessage: (s: String)Unit
```

型推論により結果値の型を省略していましたが、きちんと書くならば、以下のようにします。

```
scala> def printMessage(s: String):Unit = println("Message: " + s)
printMessage: (s: String)Unit
```

結果値がない場合は = を省略することが許されます。ただしその場合は、結果値の型に Unit 型を指定するとエラーになります。

```
scala> def printMessage(s: String):Unit { println("Message: " + s) }
<console>:1: warning: Detected apparent refinement of Unit; are you
missing an '=' sign?
       def printMessage(s: String):Unit { println("Message: " + s) }
                                        ^
<console>:1: error: illegal start of declaration (possible cause: mis
sing `=' in front of current method body)
       def printMessage(s: String):Unit { println("Message: " + s) }
                                        ^
```

よって、以下のように記述します。

```
scala> def printMessage(s: String) { println("Message: " + s) }
printMessage: (s: String)Unit
scala> printMessage("test")
Message: test
```

結果値がある場合に = を省略するとエラーになります。

```
scala> def printMessage(s: String):Int {
     |     println("Message: " + s); s.length }
<console>:1: error: illegal start of declaration (possible cause: mis
sing `=' in front of current method body)
       def printMessage(s: String):Int { println("Message: " + s); s.
length }
                                       ^
<console>:1: error: illegal start of declaration (possible cause: mis
```

```
sing `=' in front of current method body)
       def printMessage(s: String):Int { println("Message: " + s);
s.+length }
                                                                    ^

scala> def printMessage(s: String):Int =
     | { println("Message: " + s); s.length }
printMessage: (s: String)Int
```

ただし、たとえ結果値がない場合に = が省略可能であったとしても、省略しないで記述することに統一した方が望ましいでしょう。

それでは、結果値があるメソッドの例を示します。型推論で省略可能であることがわかります。

```
scala> def add(a:Int,b:Int):Int = a + b
add: (a: Int, b: Int)Int

scala> def add(a:Int,b:Int) = a + b
add: (a: Int, b: Int)Int

scala> add(10,40)
res6: Int = 50
```

一方、引数がない場合は Java と同様に書くのに加えて、丸括弧自体を省略できます。メソッドの定義自体には空の丸括弧を用いていても、呼び出すときには省略することが許されます。

```
scala> def printStartMessage() = println("Start!!")
printStartMessage: ()Unit

scala> printStartMessage()
Start!!

scala> printStartMessage
Start!!
```

ただし、逆に空の丸括弧を省いて定義した場合は、空の丸括弧を付加して呼び出すことはできません。

```
scala> def printStartMessage = println("Start!!")
printStartMessage: Unit

scala> printStartMessage
Start!!

scala> printStartMessage()
<console>:9: error: Unit does not take parameters
              printStartMessage()
                               ^
```

空の丸括弧を省略した場合は、メソッドを呼び出しているのか変数を参照しているのかはJavaやCと異なり、一見して判別することはできません。

ただし、厳密には引数を渡さない、空の丸括弧があるメソッドとないメソッドは区別されます。空の丸括弧を省略したメソッドのことを「パラメーターなしメソッド」と呼びますが、この形式のメソッドを定義するのは以下の条件を満たしている場合が推奨されます。

- 引数を取らない（当たり前ですが）。
- 副作用がない（画面やファイル出力を伴うならば、副作用が生じている）。

よって、前出のprintStartMessageメソッドは画面表示を伴いますので、丸括弧を省略せず、def printStartMessage() = ... と定義するのが望ましいことになります。

3.3.1 引数名を指定してメソッドを呼び出し

Scalaではどの引数なのかを指定して呼び出すことができます。ちょうどObjective-Cのセレクタに似ています。よって、引数を記述する順番を恣意

的に変更できます。

```
scala> def mac(a:Integer, b:Integer, c:Integer) = a + b * c
mac: (a: Integer, b: Integer, c: Integer)Int

scala> mac(1,2,3)
res0: Int = 7

scala> mac(c = 1,b = 2, a = 3)
res1: Int = 5

scala> mac(1, b = 2, a = 1)
<console>:9: error: parameter 'a' is already specified at parameter p
osition 1
            mac(1, b = 2, a = 1)
                ^

scala> mac(1, b = 2, c = 1)
res3: Int = 3
```

引数名を指定しない場合は、本来の位置する引数として扱われますので、つじつまが合わない場合は上記のようにエラーとなります。

mac ってマックですか？

本書の関数名で mac という名称がこれからよく出てきます。筆者がいつも使っているマシンは Apple の Mac Book Pro ですが、それにちなんで命名しているわけではありません。

掛け算の結果とさらに別の値を足すという演算を積和演算と呼びますが、これを英語で MAC（multiply-accumulate）と呼びます。こちらの方が由来となります。

3.3.2 デフォルト引数

また、C++ と同様にデフォルト引数を指定することもできます。省略された場合は最後の引数からデフォルト引数が充当されていくのは C++ と同じですので、都合が悪い場合は前述のように引数名を指定して呼び出します。

```
scala> def mac(a:Integer = 1, b:Integer = 2, c:Integer = 3) =
     |      a + b * c
mac: (a:Integer, b:Integer, c:Integer)Int

scala> mac()
res5: Int = 7

scala> mac(2)
res6: Int = 8

scala> mac(2,3)
res7: Int = 11

scala> mac(c = 3)
res8: Int = 7

scala> mac(c = 5)
res9: Int = 11
```

3.4 引数に関数リテラルを渡すメソッド

メソッドの引数に関数リテラルを渡すことができます。

```
scala> def add(a:Int, b:Int) = a + b
add: (a:Int, b:Int)Int

scala> def sub(a:Int, b:Int) = a - b
```

```
sub: (a:Int, b:Int)Int

scala> def calc(f:(Int,Int) => Int) = f(10, 20)
calc: (f:(Int, Int) => Int)Int

scala> calc(add)
res17: Int = 30

scala> calc(sub)
res18: Int = -10
```

　calcメソッドは、定義によるとIntを2つ取り、Intを返す関数リテラルを引数として引き受けるように記述されています。

　つまり、

```
f:(Int,Int) => Int
```

の記述です。

混乱しないように！

　=>の左と右に分けて眺めてみてください。左側（代入したりしてはいないので、左辺と呼ぶのは止めておきます）は引数としてInt型の値を2つ取ることを示しています。そして、右側はInt型を結果値として返すことを示しています。

　これから何度も出てきますので慣れてしまいましょう！

　そして、処理内容は、その引数として受け取った関数リテラルに対して10と20の引数を与えて呼び出す処理を行います。

　上記の例ではaddとsubという2つのメソッドを用意して、それぞれcalcを呼び出すのに用いています。結局2つの整数がもともとの値として与えられていますが、その値をどうするかはcalcメソッドだけでは決める

ことができず、calc を呼び出すときに指定する引数である関数リテラルに依存することになります。

また、無名関数リテラルを用いて calc を呼び出すこともできます。

```
scala> calc {
     |   _ + _
     | }
res20: Int = 30
```

3.5 結果値として関数リテラルを返すメソッド

引数のみならず、結果値も関数リテラルで返すことができます。

```
scala> def calc:() => Int = {
     |   if(scala.util.Random.nextBoolean) {
     |     () => scala.util.Random.nextInt
     |   }
     |   else {
     |     () => -1
     |   }
     | }
calc: () => Int

scala> calc
res25: () => Int = <function0>

scala> calc()
res26: Int = -1

scala> calc()
res27: Int = 559239760
```

乱数によって、整数の乱数を返すか、決め打ちで −1 を返すか if 文で分岐させていますが、calc メソッドはその結果の整数値を返すのではなくて、あくまでもそういった処理を行う関数リテラルを結果値として返すことに注意が必要です。

これまた混乱しないように！

　この例も混乱してしまうかもしれません。まず = に注目すれば、= 以後の記述は calc メソッドの結果値を決める処理本体です。そうなりますと、残りは calc:() => Int の部分ですね。ここが calc メソッドの引数を記述しています。

　ここでも前節と同じように、=> の左と右に分けて眺めてみてください。左側は引数は取らないことを示しています。そして、右側は Int 型を結果値として返すことを示しています。実際に記述されている処理に一致しているのがわかると思います。

3.6 クロージャー

　クロージャーとは、関数内部のスコープでは解決できない変数、つまりスコープの外部に存在する変数を参照している関数です。関数であるならば、すなわちクロージャーはオブジェクトでもあります。このように外部から参照されている変数のことを**自由変数**と呼びます。一方で、関数の引数や関数内部のローカル変数を**束縛変数**と呼びます。

　そのため、クロージャーは自由変数への参照を保持していることになります。

```
scala> var count = 0
count: Int = 0

scala> val addCount = (i: Int) => i + count
addCount: Int => Int = <function1>

scala> addCount(2)
res0: Int = 2

scala> count
res1: Int = 0

scala> val setCount = (i: Int) => count = i
setCount: Int => Unit = <function1>

scala> setCount(100)

scala> count
res3: Int = 100

scala> addCount(3)
res4: Int = 103

scala> count
res5: Int = 100
```

　この場合、count は自由変数であり、i は仮引数なので束縛変数です。

　addCount と setCount 関数において自由変数である count を参照したり値を変更したりしていますので、クロージャーであると言えます。count の値が setCount 関数によって変更可能であり、その後のタイミングで addCount 関数を呼び出すと、その変更された値が使われることがわかります。

　クロージャーを使った例をもう1つ挙げておきます。今度の例では自由変数自体のスコープに注目してください

3 関数詳説

```
scala> val addCount = (i:Int) => {
     |    var count = 0
     |    () => {
     |      count += i
     |      count
     |    }
     | }
addCount: Int => (() => Int) = <function1>

scala> val f = addCount(3)
f: () => Int = <function0>

scala> f()
res0: Int = 3

scala> f()
res1: Int = 6

scala> f()
res2: Int = 9
```

今度の addCount 関数は無名関数リテラルを返す関数です。その無名関数リテラルは変数 count を自由変数として参照しています。よってこの関数もクロージャーと見なせます。

変数 count はクロージャーと共にありますので、繰り返しの呼び出しでも値が残存しているのがわかります。少し変更したサンプルプログラムを次に試してみましょう。

```
scala> val addCount = (i:Int) => {
     |    var count = 0
     |    () => {
     |      count += i
     |      count
     |    }
     | }
addCount: Int => (() => Int) = <function1>
```

```
scala> val f = addCount(3)
f: () => Int = <function0>

scala> f()
res0: Int = 3

scala> var count = 100
count: Int = 100

scala> f()
res1: Int = 6
```

別途ローカル変数として変数 count を宣言していますが、当然この値には影響されないことがわかります。

3.7 ネストしたメソッド（ローカルメソッド）

Java では一連の処理を適宜分割するために private スコープでメソッドを複数定義することがよく行われますが、Scala では関数の定義の内部にネストしてメソッドを定義することが多く見受けられます。

ネストしたメソッドはその外側のメソッドに専属するメソッドであり、他のメソッドから呼び出すことはできません。

```
scala> def mac(a:Integer, b:Integer, c:Integer) = {
     |     def add(a:Integer, b:Integer) = a + b
     |     def multi(a:Integer, b:Integer) = a * b
     |     add(a, multi(b, c))
     | }
mac: (a: Integer, b: Integer, c: Integer)Int

scala> mac(2,3,4)
res34: Int = 14
```

3.8 メソッドから関数（オブジェクト）への変換

def によって定義した場合、それはあくまでもオブジェクトではないため、**厳密には関数と呼びません。**

ですが、Scala では便宜を図るために関数の引数や結果値の型を明示した変数を宣言し、それに代入すれば自動的にメソッドは関数に変換されます。

```
scala> val f:(Integer, Integer, Integer) => Int = mac
f: (Integer, Integer, Integer) => Int = <function3>
```

変数 f を用いて演算が可能となります。

```
scala> f(2,3,4)
res35: Int = 14
```

一方で、関数の引数などを明示しない場合はエラーとなります。

```
scala> val f = mac
<console>:9: error: missing arguments for method mac;
follow this method with `_' if you want to treat it as a partially
applied function
       val f = mac
```

実は、このエラーを回避する方法が存在します。

```
scala> val f = mac _
f: (Integer, Integer, Integer) => Int = <function3>

scala> f(3,4,5)
res36: Int = 23
```

この末尾に _（アンダースコア）を付加する記述で行われるのを**関数の部分適用**と呼びます。関数の部分適用については次節で説明します。

3.9 関数の部分適用

　Scala において、関数に引数を渡して呼び出すことは、関数に**引数を適用する**と呼びます。関数の部分適用とは、関数で必要とすべき引数の一部、あるいは全部を渡さないで呼び出す、つまり適用することを示します。

　部分適用された関数は当然、必要な引数が揃っていない状態ですので、処理を行うのは不都合です。よって、揃っておらず足らない引数を受け入れるような関数オブジェクトを自動的に生成します。

　前述のメソッドを関数オブジェクトに変換する手法で部分適用を利用しているのは、このメカニズムにより、すべての引数を省略することで関数を部分適用させ、結果としてもともとの引数一揃いを引き受ける関数オブジェクトを生成させるためです。

　以下の例では、mac メソッドの 2 番目と 3 番目の引数だけ適用させています。よって、変数 f は 1 番目の引数を適用させなければなりません。

```
scala> val f = mac(_:Int, 3,5)
f: Int => Int = <function1>

scala> f(3)
res37: Int = 18
```

省略させる引数に対する記述で引数の型は省略できません。

```
scala> val f = mac(_, 3, 5)
<console>:9: error: missing parameter type for expanded function
((x$1) => mac(x$1, 3, 5))
       val f = mac(_, 3, 5)
                   ^
```

1番目と3番目の引数を省略させた場合を示します。

```
scala> val f = mac(_:Int, 3, _:Int)
f: (Int, Int) => Int = <function2>

scala> f(2,3)
res38: Int = 11
```

再度掲載しますが、引数を全部省略して適用させる場合はアンダースコア（_）を記述させることで可能です。結果としてメソッドを関数に変換することができるようになります。ただし、メソッド名とアンダースコアの間にはスペースを入れる必要があります。

仮に、mac_ としてしまいますと、これはそのまま mac_ という名称のメソッドを指定していると見なされますので注意してください。

```
scala> val f = mac _
f: (Integer, Integer, Integer) => Int = <function3>

scala> f(3,4,5)
res36: Int = 23
```

3.10 引数を取る関数を結果値とする関数

「引数を取る関数を結果値とする」関数を定義してみます。まずメソッド add を定義します。メソッド add は Int 型の引数 x を取って、結果値として Int 型の引数 y を取って Int 型の値を返す処理を行う関数リテラルを返します。

```
scala> def add(x: Int) = (y: Int) => x + y
add: (x: Int)Int => Int
```

3.10 引数を取る関数を結果値とする関数

addメソッドの定義でaddメソッドとしての結果型の型を省略しないで定義するには以下のように記述します。

```
scala> def add(x: Int):Int => Int = (y: Int) => x + y
add: (x: Int)Int => Int
```

関数fはInt型の引数xを取って、結果値としてInt型の引数yを取ってInt型の値を返す処理を行う関数値（関数オブジェクト）を返します。

```
scala> val f = add _
f: Int => (Int => Int) = <function1>
```

よって、f(1)で呼び出した場合の結果値の関数値は引数で渡された値に1を加える処理になります。あるいは、REPLでの実行結果は示しませんが、f(123)で呼び出した場合の結果値の関数オブジェクトは引数で渡された値に123を加える処理になります。

```
scala> val f1 = f(1)
f1: Int => Int = <function1>
```

よって、f1(2)は3となります。

```
scala> f1(2)
res9: Int = 3
```

そもそもfとf1は異なる関数オブジェクトである点に注目しましょう。

3.11 関数のカリー化

関数の引数指定で複数の引数がある場合に、これまでとは別の手法で記述ができます。この手法を**関数のカリー化**と呼びます。

カリー化とは、もとになる関数の最初の引数を1つ取り、その残りの引数を取って結果を返すような関数に変換することです。

単純に2つのInt型の値を足す関数は以下のように定義できます。

```
scala> val add:(Int, Int) => Int = (x, y) => x + y
add: (Int, Int) => Int = <function2>
```

これをカリー化するならば、xを引数にすると、「yを引数にしてInt型の値を返す関数」を結果値とする関数を定義します。

```
scala> val add:(Int) => (Int) => Int = x => y => x + y
add: Int => (Int => Int) = <function1>
```

関数addに引数1を与えるならば、関数f1は引数1つを取って、それに1を加える関数を返します。

```
scala> val f1 = add(1)
f1: Int => Int = <function1>
```

よって、f1(2)の値は3となります。

```
scala> f1(2)
res0: Int = 3
```

次に引数が3つあるケースを考えてみます。

```
scala> val mac = (a: Int, b: Int, c: Int) => a + b * c
mac: (Int, Int, Int) => Int = <function3>
```

3.11 関数のカリー化

これを簡易にカリー化させるように記述する方法があります。

```
scala> val mac = (a: Int) => (b: Int) => (c: Int) => a + b * c
mac: Int => (Int => (Int => Int)) = <function1>

scala> mac(3)(4)(5)
res21: Int = 23

scala> mac(3,4,5)
<console>:9: error: too many arguments for method apply: (v1: Int)Int
 => (Int => Int) in trait Function1
              mac(3,4,5)
```

このように、関数をカリー化させると、1つの引数を持つ関数を連鎖（メソッドチェーン）させて呼び出すようにすることができます。あくまでも引数は1つずつですので、後者の呼び方ではエラーになっていることに注目しましょう。

あるいは、今までどおりの形式で定義された関数をカリー化する方法もあります。curried 関数を使って変換する形式です。

```
scala> val mac = (a: Int, b: Int, c: Int) => a + b * c
mac: (Int, Int, Int) => Int = <function3>

scala> val cmac = mac.curried
cmac: Int => (Int => (Int => Int)) = <function1>

scala> cmac(3)(4)(5)
res29: Int = 23
```

あるいは、メソッドの定義の形式を変えることでもカリー化を行えます。

```
scala> def f(a: Int)(b: Int)(c: Int) = a + b * c
f: (a: Int)(b: Int)(c: Int)Int

scala> val mac = f _
mac: Int => (Int => (Int => Int)) = <function1>
```

```
scala> mac(3)(4)(5)
res1: Int = 23
```

mac関数についてカリー化の過程を詳しく検討してみましょう。
まず、足し算を行う関数を返すメソッドf1を定義します。

```
scala> def f1(a: Int) = (x: Int) => a + x
f1: (a: Int)Int => Int
```

さらに、掛け算を行う関数を返すメソッドf2を定義します。

```
scala> def f2(b: Int) = (c: Int) => b * c
f2: (b: Int)Int => Int
```

それぞれのメソッドに対して、mulとplusという名称の関数を生成させます。このとき、メソッドf2には引数として整数の2を与えています。つまりmul関数は自分に与えられた引数に2を乗じる関数です。

```
scala> val mul = f2(2)
mul: Int => Int = <function1>

scala> mul(5)
res0: Int = 10
```

一方、plus関数はInt型の引数を1つ取ってInt型を結果値として返す関数を返します。ただし、そのplus関数の処理は3に2を乗じて6となった値に与えられた引数の値を足す処理を行います。

```
scala> val plus = f1(mul(3))
plus: Int => Int = <function1>

scala> plus(1)
res2: Int = 7
```

```
scala> plus(10)
res3: Int = 16
```

掛け算と足し算を行う処理について、段階を踏みながら引数を1つずつ渡していく過程がわかるように、途中の段階を便宜的にfメソッドとして定義しています。3種類のfメソッドが登場していますが、それぞれの引数の取り方に注目してください。

```
scala> f1(f2(2)(3))
res23: Int => Int = <function1>

scala> f1(f2(2)(3))(1)
res25: Int = 7

scala> def f(i: Int) = f1(f2(2)(3))(i)
f: (i: Int)Int

scala> f(1)
res26: Int = 7

scala> def f(i: Int)(j: Int) = f1(f2(j)(3))(i)
f: (i: Int)(j: Int)Int

scala> f(1)(2)
res27: Int = 7

scala> def f(i: Int)(j: Int)(k: Int) = f1(f2(j)(k))(i)
f: (i: Int)(j: Int)(k: Int)Int

scala> f(1)(2)(3)
res28: Int = 7
```

カリーの由来

カリーという単語が出てきましたが、料理のカレーとはまったく関係なく、人名のハスケル・ブルックス・カリー（Haskell Brooks Curry）が由来です。この人は数学と論理学の世界で成果を上げた学者です。

3.12 独自の制御構造の作成

また、Scalaでは引数が1つだけの場合は括弧( )ではなく、中括弧{ }に変えて関数を呼び出すことが許されています。これは中括弧によってコードブロックを入れることが可能であることを意味します。

```
scala> mac(3)(4) {
     |     var i = 10
     |     i = i * i
     |     i
     | }
res29: Int = 403
```

これを応用すると、独自の制御構造を引数にした関数を取る関数（つまり高階関数です）を定義することで形成することができます。以下のサンプルではファイルのオープンとクローズ、つまりリソース管理を隠蔽しています。独自の制御構造内部では、リソース管理には一切タッチしていません。

リスト3.1●myFileWriter.scala

```
import java.io.File
def myFileWriter(fileName: String)(op: java.io.PrintWriter => Unit) {
  val writer = new java.io.PrintWriter(new File(fileName))
```

```
  try {
    op(writer)
  }
  finally {
    writer.close()
  }
}

myFileWriter("result.txt") { writer =>
  writer.println(new java.util.Date)
}
```

これを実行させると現在時刻を示す文字列が result.txt に記録されます。

```
$ scala myFileWriter.scala
$ cat result.txt
Wed Sep 16 15:18:47 JST 2015
$
```

ローンパターン

このサンプルでは、myFileWriter メソッドの中で開いたリソース (java.io.PrintWriter) を独自の制御構造として記述されている関数リテラル内部で使用できるように引数としています。つまり、関数リテラルにリソースを「貸し出している」形となります。

このようなパターンを**ローン（loan）パターン**と呼んでいます。

3.13 関数の名前渡しパラメーター

前の例であったmyFileWriterメソッドを改変してログ出力を行うようにしたものを示します。とはいっても、保存するファイル名を固定にして引数を減らしただけの変更に過ぎません。

```
scala> def log(op: () => String) {
     |   val writer = new java.io.PrintWriter("log.txt")
     |   try {
     |     val result = op()
     |     writer.println(result)
     |   }
     |   finally {
     |     writer.close()
     |   }
     | }
log: (op: () => String)Unit

scala> val i = 3
i: Int = 3

scala> log { () =>
     |   (i > 5).toString
     | }

scala>
$ cat log.txt
false
```

logの引数は以下のように省略することもできます。

```
scala> def log(op: () => String) {
…… (上のサンプルと同じ)
     | }
```

3.13 関数の名前渡しパラメーター

```
log: (op: () => String)Unit

scala> val i = 3
i: Int = 3

scala> log { (i > 0).toString }

scala>
$ cat log.txt
true
```

ここで、別のパターンで定義する方法があります。log メソッドの引数が異なっています。

```
scala> def log(op: => String) {
     |   val writer = new java.io.PrintWriter("log.txt")
     |   try {
     |     val result = op
     |     writer.println(result)
     |   }
     |   finally {
     |     writer.close()
     |   }
     | }
log: (op: => String)Unit

scala> val i = 3
i: Int = 3

scala> log {
     |   (i > 5).toString
     | }

scala>
$ cat log.txt
false
$
```

この場合は、以下のように log メソッドを呼び出すときに引数を指定するとエラーとなります。

```
scala> log { () =>
     |    (i > 5).toString
     | }
<console>:10: error: type mismatch;
 found   : () => String
 required: String
              log { () =>
                    ^
```

log メソッドの定義に着目しますと、

- def log(op: String)　関数リテラルを渡さず、String 型を渡している。
- def log(op: () => String)
- def log(op: => String)

と異なっています。関数の呼び出しにおいて、前の2つは関数のパラメーター（引数）を**値**で渡しており、最後の1つは**名前**で渡していると区別します。これらを、それぞれ、**値渡しパラメーター**、**名前渡しパラメーター**と呼びます。

ここで、前述のプログラムを少し修正したのを実行させてみます。flag によってログ出力を制御させようとするコードが追加されているのと、出力対象のファイル名を標準出力に固定しています。

リスト3.2 ● MyAssert.scala

```
def log(flag: Boolean)(op: => String) {
  val writer = new java.io.PrintWriter(System.out)
  try {
    if(flag) writer.println(op)
    else writer.println("flag off")
```

```
  }
  finally {
    writer.close()
  }
}

val i = 3

log(false) { () =>
  (i / 0 > 5).toString
}
```

この場合は、log メソッドの呼び出し方が適切ではないのでエラーが発生します。

```
$ scala MyAssert.scala
....../MyAssert.scala:14: error: type mismatch;
 found    : () => String
 required: String
log(false) { () =>
             ^
one error found
$
```

よって、前にも説明したとおり、次のように呼び出さなければなりません。

リスト3.3●MyAssert2.scala

```
def log(flag: Boolean)(op: => String) {
  val writer = new java.io.PrintWriter(System.out)
  try {
    if(flag) writer.println(op)
    else writer.println("flag off")
  }
  finally {
```

3 関数詳説

```
    writer.close()
  }
}

val i = 3

log(false) {
  (i / 0 > 5).toString
}
```

これを実行すると、以下のようにエラーは発生しません。

```
$ scala MyAssert2.scala
flag off
$
```

一方、名前渡しパラメーターではなく、値渡しパラメーターでlogメソッドを呼び出すように変更してみます。

まずは、引数に関数を渡す場合です。

リスト3.4●MyAssert3.scala

```
def log(flag: Boolean)(op: () => String) {
  val writer = new java.io.PrintWriter(System.out)
  try {
    if(flag) writer.println(op)
    else writer.println("flag off")
  }
  finally {
    writer.close()
  }
}

val i = 3

log(false) {
```

3.13 関数の名前渡しパラメーター

```
    (i / 0 > 5).toString
}
```

結論としては、両方とも実行させるとゼロによる除算が行われたと例外が発生します。

```
$ scala MyAssert3.scala
java.lang.ArithmeticException: / by zero
    at Main$$anon$1.<init>(MyAssert3.scala:15)
    at Main$.main(MyAssert3.scala:1)
    at Main.main(MyAssert3.scala)
    ……
$
```

今度は単純に引数に文字列を渡す場合です。

リスト3.5 ●MyAssert4.scala

```
def log(flag: Boolean)(op: String) {
  val writer = new java.io.PrintWriter(System.out)
  try {
    if(flag) writer.println(op)
    else writer.println("flag off")
  }
  finally {
    writer.close()
  }
}

val i = 3

log(false) {
  (i / 0 > 5).toString
}
```

こちらの実行結果も同様です。

```
$ scala MyAssert4.scala
java.lang.ArithmeticException: / by zero
    at Main$$anon$1.<init>(MyAssert4.scala:15)
    at Main$.main(MyAssert4.scala:1)
    at Main.main(MyAssert4.scala)
    ......
$
```

結果として、MyAssert2.scalaではゼロによる除算は行われず、MyAssert3.scalaおよびMyAssert4.scalaは行われたので例外が発生したことがわかります。

結論として、例外が発生するケースではlogメソッドを呼び出す前に引数の評価を行っているので、ゼロによる除算を行っていることが明白です。つまり、パラメーターを値で渡すか、名前で渡すかによって、引数を評価するタイミングが異なります。

なお、名前でパラメーターを渡す呼び出しが複数回生じる場合は、そのつど引数が評価されます。

この状況を言い換えると、関数の名前渡しパラメーターによる呼び出しは**処理に副作用が生じていない**と考えることができます。この例ではflagをfalseにしていますので、ログ出力をオフにしている設定であることになぞらえることができます。

この場合において、ログ出力をオフにしているにもかかわらず、それにかかわる処理で例外が発生するのは、副作用が生じていると考えられます。

3.14 遅延評価 val 値

変数においても宣言時に初期化されるのではなく、実際に使用される場合になって初めて評価される手法があり、lazy val というキーワードを用いて記述します。

```
scala> val a = 3
a: Int = 3

scala> lazy val i1 = a / 0
i1: Int = <lazy>

scala> val i2 = a / 0
java.lang.ArithmeticException: / by zero
  ... 33 elided

scala> i1
java.lang.ArithmeticException: / by zero
  at .i1$lzycompute(<console>:11)
  at .i1(<console>:11)
  ... 33 elided

scala> a
res1: Int = 3
```

val である以上、値の評価と代入は一度しか行われません。この点が前述の名前渡しパラメーターによる関数呼び出しとは異なる点です。

なお、Scala においては、内部の実装の詳細から判断しますと、厳密には、名前渡しパラメーターによる関数呼び出しは「遅延評価」とは言えません。このあたりについては関数型言語の厳格な定義から生じる議論ですので、これ以上は言及しないことにします[1]。

---

[1] http://kannokanno.hatenablog.com/entry/20130202/1359777436

具体的なテクニックとしては、lazy valを用いることでアプリケーションの起動時間を短縮できることが挙げられます。

第4章

パターンマッチ

4 パターンマッチ

4.1 Option[T] 型

オブジェクトに実際に値が入っていない状態は一般的には null で示されますが、それをチェックするのは案外と面倒でしょう。特に null の状態が生じたときに例外が発生するケースだとそれを捕捉するためのコードが必要となるのは Java ではおなじみの光景です。

Scala では、そういった煩雑さへの処方箋として、**Option[T] 型**が用意されています。これはジェネリクスを伴う型ですが、任意の型 T の要素が実在しているか不在しているかを別途扱うようにできており、その判定には null なのかどうかの判断は介在してきません。

具体的には、Option[T] 型は、Some または None の値のいずれかを持ち、前者が型 T の値を保持している状態で、後者は持っていない状態（従来で言えば null）を示します。

Option[T] 型のインスタンスから処理の目的の実際の値となる型 T の値を取り出すには、get メソッドを用います。

```
scala> val s: Option[String] = Some("Hello")
s: Option[String] = Some(Hello)

scala> s.get
res0: String = Hello

scala> val s: Option[String] = None
s: Option[String] = None

scala> s.get
java.util.NoSuchElementException: None.get
  at scala.None$.get(Option.scala:347)
  at scala.None$.get(Option.scala:345)
  ... 33 elided
```

結局例外が発生しているのですが、それに対処するために、値が None で

あった場合に代替の値を得る仕組みが備わっています。

```
scala> s.getOrElse("None!!")
res7: String = None!!
```

get メソッドで取り出さない限りは、String の値としての処理ができないのがポイントです。一方、getOrElse メソッドを用いると値が None であった場合に代替値を与えることができます。

これは言い換えますと、呼び出す側で値が None であった場合の何らかの対策を強制することができるとも考えることができます。

さらに、Option[T] 型には以下のようなメソッドが備わっています。

値が None なら ture を返します。

```
scala> s.isEmpty
res8: Boolean = true
```

値が Some なら true を返します。

```
scala> s.isDefined
res9: Boolean = false
```

値が None のときには Null を返します。そうでないなら、get メソッドを呼び出したときと同じで Some が抱えている値を返します。

```
scala> s.orNull
res10: String = null

scala> val s: Option[String] = Some("Hello")
s: Option[String] = Some(Hello)

scala> s.orNull
res11: String = Hello
```

かつ、Option[T] 型はコレクションと組み合わせると強力なデータ処理

機能を有していますが、これについては後の章で説明します。

4.2 match 式

Java の switch 文に対応するものとして match 式が Scala には存在します。ただし、match 式の機能ははるかに強力で、応用するとコーディングを簡潔にするのに大いに貢献することになるでしょう。

まずは、Java の switch 文と代わり映えのしない例を示しましょう。

```
scala> 1 match {
     |     case 1 => "One"
     |     case 2 => "Two"
     |     case 3 => "Three"
     |     case _ => "Other"
     | }
res1: String = One

scala> 11 match {
     |     case 1 => "One"
     |     case 2 => "Two"
     |     case 3 => "Three"
     |     case _ => "Other"
     | }
res2: String = Other
```

- case は上から順に判定されていきます。
- case _ はワイルドカードですので、どんな場合でもマッチします。

マッチしないケースでは MatchError 例外が発生します。

```
scala> 4 match {
     |     case 1 => "One"
     |     case 2 => "Two"
     |     case 3 => "Three"
     | }
scala.MatchError: 4 (of class java.lang.Integer)
  ... 41 elided
```

以下のように書くことで複数の値のケースをまとめることもできます。

```
scala> 4 match {
     |     case 1 | 2 | 3  => "One or Two or Three"
     |     case _ => "Other"
     | }
res5: String = Other
```

整数だけでなく、文字列でもマッチングは可能です。

```
scala> "Three"  match {
     |     case "One" => 1
     |     case "Two" => 2
     |     case "Three" => 3
     |     case _ => -1
     | }
res6: Int = 3
```

4.3 変数によるマッチ

　以下のように変数にマッチさせて値を束縛することができます。また、マッチしたときの処理を複数行に渡って記述することも可能です。

4 パターンマッチ

```
scala> "Four"  match {
     |    case "One" => 1
     |    case "Two" => 2
     |    case "Three" => 3
     |    case str => {
     |                 println(s"Other Value: $str")
     |                 -1
     |               }
     | }
Other Value: Four
res0: Int = -1
```

　変数にマッチさせる場合は、変数名は小文字で始まる必要があります。大文字の場合は定数と見なされ、その変数が示している値に対してマッチングが行われます。

```
scala> val StringThree = "Three"
StringThree: String = Three

scala> "Three"  match {
     |    case "One" => 1
     |    case "Two" => 2
     |    case StringThree => 3
     |    case str => {
     |                 println(s"Other Value: $str")
     |                 -1
     |               }
     | }
res1: Int = 3
```

　小文字から始まる変数でも定数として扱われるようにするには、バッククオート(`)で変数名を囲います。

```
scala> val stringThree = "Three"
stringThree: String = Three
```

```
scala> "Three" match {
     |     case "One" => 1
     |     case "Two" => 2
     |     case `stringThree` => 3
     |     case str => {
     |                 println(s"Other Value: $str")
     |                 -1
     |               }
     | }
res1: Int = 3
```

4.4 型によるマッチ

　型によってマッチングさせることも可能です。この場合はいちいちキャストなどをしなくてもよいので便利ですが、マッチの対象となる変数の型そのものは適切なスーパークラス（この例では Any）にする必要があります。

```
scala> val value:Any = 3.14
value: Any = 3.14

scala> value match {
     |     case i: Int => s"Int Value: $i"
     |     case s: String => s"String Value: $s"
     |     case d: Double => s"Double Value: $d"
     |     case _: BigDecimal => s"BigDecimal Value!"
     |     case o => "Other Value"
     | }
res7: String = Double Value: 3.14
```

4.5 ケースクラスによるマッチ

　ケースクラスを定義し、それをパターンとしてマッチさせるのは記述も簡潔であり、そのケースクラスが持つ値の様々な条件に応じたパターンを判定することができます。

　ケースクラスが持つ抽出子（unapply メソッド）によって、ケースクラスのフィールドの値の取得も容易となっています。以下のサンプルで case の箇所の Person クラスの記述で _ を用いているのは、ワイルドカードの扱いでどの値だとしてもマッチします。あるいは変数名を当てることで、その変数にマッチした値を抽出して個別のフィールドの値を得ることもできます。

```
scala> case class Person(name: String,age: Int)
defined class Person

scala> val p = Person("Tanaka",25)
p: Person = Person(Tanaka,25)

scala> p match {
     |   case Person("Yamada",_) => "Yamada"
     |   case Person(_,30) => "30 years old"
     |   case Person(name,25) => s"$name is 25 years old"
     |   case Person(a,b) => s"$a is $b years old"
     |   case _ => "..."
     | }
res1: String = Tanaka is 25 years old
```

4.6 Array によるマッチ

Array の要素の数や値によってマッチさせることもできます。

```
scala> Array(1,2,3) match {
     |     case Array(1) => "A"
     |     case Array(a,b) => "B"
     |     case Array(_,2,_) => "C"
     |     case Array(x,y,z) => "D"
     |     case Array(1,_*) => "E"
     |     case _ => "..."
     | }
res10: String = C

scala> Array(1,2,3,4) match {
     |     case Array(1) => "A"
     |     case Array(a,b) => "B"
     |     case Array(_,2,_) => "C"
     |     case Array(x,y,z) => "D"
     |     case Array(1,_*) => "E"
     |     case _ => "..."
     | }
res11: String = E

scala> Array(5,2,3,4) match {
     |     case Array(1) => "A"
     |     case Array(a,b) => "B"
     |     case Array(_,2,_) => "C"
     |     case Array(x,y,z) => "D"
     |     case Array(1,_*) => "E"
     |     case _ => "..."
     | }
res12: String = ...
```

4 パターンマッチ

4.7 List によるマッチ

Scala における List は単方向リストです。Java では List はインターフェースでしたが、Scala ではれっきとしたクラスです。Lisp になじみがあるならばご存じのとおりのリストです。リストの個々の要素のことを伝統的に cons セルと呼ぶこともあります。つまり Lisp 仕込みのリストと考えてよいですので、その方面のノウハウを注入することが大いに期待できるでしょう。

まず、よく使われる :: と ::: メソッドについて機能の違いを例示します。

:: メソッドはリスト同士に用いると入れ子のリストになってしまいます。一方、::: メソッドはリストとリスト同士を連結して、単独のリストにします。

```
scala> 1 :: Nil
res28: List[Int] = List(1)

scala> 1 :: List()
res29: List[Int] = List(1)

scala> 1 :: 2 :: Nil
res30: List[Int] = List(1, 2)

scala> val a = List(1,2)
a: List[Int] = List(1, 2)

scala> val b = List(3,4)
b: List[Int] = List(3, 4)

scala> a :: b
res31: List[Any] = List(List(1, 2), 3, 4)

scala> a :: b :: 5 :: Nil
res33: List[Any] = List(List(1, 2), List(3, 4), 5)
```

4.7 List によるマッチ

```
scala> a ::: b
res34: List[Int] = List(1, 2, 3, 4)

scala> a ::: b :: 5 :: Nil
res35: List[Any] = List(1, 2, List(3, 4), 5)

scala> (a ::: b) :: 5 :: Nil
res36: List[Any] = List(List(1, 2, 3, 4), 5)

scala> (a ::: b) ::: 5 :: Nil
res37: List[Int] = List(1, 2, 3, 4, 5)

scala> (a ::: b) ::: (5 :: Nil)
res38: List[Int] = List(1, 2, 3, 4, 5)
```

これを踏まえてパターンマッチにも List を用いて記述が可能です[1]。

```
scala> List(1,2,3) match {
     |    case 1 :: Nil => "A"
     |    case 1 :: 2 :: Nil => "B"
     |    case x :: y :: Nil => "C"
     |    case 1 :: tail => "D"
     |    case a :: b :: c :: Nil => "E"
     |    case _ => "..."
     | }
res43: String = D

scala> List(3,2,3) match {
     |    case 1 :: Nil => "A"
     |    case 1 :: 2 :: Nil => "B"
     |    case x :: y :: Nil => "C"
     |    case 1 :: tail => "D"
```

---

[1] p :: q という中置記法はパターンマッチングのパターンという観点では、::(p,q) として扱われます。List においては :: という名称のケースクラスと、同じ名称でメソッドも（前述の例のように要素を連結して List を生成する）定義されています。つまり、:: に 2 つの用途を与えるという工夫により、List のパターンマッチングの記述に利便性を与えているのです。

4 パターンマッチ

```
      |     case a :: b :: c :: Nil => "E"
      |     case _ => "..."
      | }
res44: String = E

scala> List(3,2,3) match {
      |     case 1 :: Nil => "A"
      |     case 1 :: 2 :: Nil => "B"
      |     case x :: y :: Nil => "C"
      |     case 1 :: tail => "D"
      |     case _ :: b :: c :: Nil => "E"
      |     case _ => "..."
      | }
res45: String = E
```

4.8 タプルによるマッチ

タプルで複数の値の組み合わせを指定することで、if 式であれこれ条件指定する場合より簡潔に記述できるケースが多いです。

```
scala> (2,3) match {
      |     case (0,_) => "A"
      |     case (x,0) => "B"
      |     case _ => "C"
      | }
res8: String = C
```

次の例では 4 番目の case にマッチすることはありませんが、結果値は String と Int が混在しているため Any で返されています。

```
scala> (2,3) match {
      |     case (0,_) => "A"
```

```
      |     case (x,0) => "B"
      |     case (a,b) => "C"
      |     case _ => 4
      | }
res9: Any = C
```

4.9 パターンガード

caseに対してifを組み合わせることで、より柔軟なマッチングが可能となります。

```
scala> 5 match {
      |     case a if(a % 2 == 0) => "Even"
      |     case b if(b % 2 != 0) => "Odd"
      |     case _ => "..."
      | }
res46: String = Odd
```

なおケースクラスのマッチにも、パターンガードを施すことができます。

```
scala> case class Person(name: String,age: Int)
defined class Person

scala> Person("Tanaka",25) match {
      |     case Person(name,age) if age >= 20 => "You can drink."
      |     case _ => "Don't drink"
      | }
res48: String = You can drink.
```

4.10 シールドクラス

sealedキーワードをつけて定義したクラスのサブクラスは、同一ファイル内でしか継承してサブクラスを作ることが許されません。ただし、そのサブクラスをさらに継承するサブクラスはその限りでありません。

わざと別々のファイルにクラス定義を書いてコンパイルを試みます。

リスト4.1 ● ColorScale.scala

```
package Sealed.example

sealed abstract class ColorScale

case class RGB(r: Double,g: Double,b: Double) extends ColorScale
```

リスト4.2 ● HSV.scala

```
package Sealed.example

case class HSV(h: Double,s: Double,v: Double) extends ColorScale
```

```
$ scalac ColorScale.scala
$ scalac HSV.scala
HSV.scala:3: error: illegal inheritance from sealed class ColorScale
case class HSV(h: Double,s: Double,v: Double) extends ColorScale
                                                      ^
one error found
$
```

コンパイル時エラーとなることがわかります。次に、HSVクラスを同一ファイルに記述した上で、パターンマッチングに記述が網羅されていない状

態でコンパイルを再度試みます。

リスト4.3 ● ColorScale.scala（修正後）

```
package Sealed.example

sealed abstract class ColorScale

case class RGB(r: Double,g: Double,b: Double) extends ColorScale
case class HSV(h: Double,s: Double,v: Double) extends ColorScale

object SealedClassTest {
  def main(args:Array[String]) {
    val obj: ColorScale = RGB(100,0,0)

    val s = obj match {
      case RGB(r,g,b) => "RGB"
      //case HSV(h,s,v) => "HSV"
      //case _ => "OTHER"
    }
    println(s)
  }
}
```

この状態でコンパイルすると警告が発生します。

```
$ scalac ColorScale.scala
ColorScale.scala:12: warning: match may not be exhaustive.
It would fail on the following input: HSV(_, _, _)
    val s = obj match {
            ^
one warning found
$
```

警告が出ないようにするためには、

```
//case HSV(h,s,v) => "HSV"

//case _ => "OTHER"
```

いずれかの行をコメントにするのをやめればよいのです。ただ、警告が消えた上で、全ケースとして継承しているサブクラスが網羅されているのが望ましいので、case _ => は削除する方が理屈にかなっているでしょう。

4.11 ネストしたケースクラスのマッチ

ケースクラスがネストしている構造となっている場合に、入り込んだケースクラスの値を取得したい（つまり束縛したい）場合には @ を用いることで可能となります。

使用法については、以下の例がイメージを掴みやすいでしょう。

```
scala> case class Person(name: String,age: Int)
defined class Person

scala> case class Student(grade: Int,person: Person)
defined class Student

scala> val p = Student(3,Person("Suzuki",15))
p: Student = Student(3,Person(Suzuki,15))

scala> p match {
     |    case Student(_,student @ Person(_,15)) =>
     |        s"Name is ${student.name}"
     |    case _ => "..."
     | }
res0: String = Name is Suzuki
```

4.12 部分関数（partial function）

ケースシーケンス（case 句の連なり）は関数リテラルを使用できる箇所ではどこでも記述が可能です。そして、ケースシーケンスは記述したならば**部分関数**（partial functions）となります。

部分関数は以下の特徴を持ちます。

- PartialFunction トレイト（トレイトについては次章で説明）を継承します。
- 引数によっては値を返すことができないケースがあります。
- 値を処理できるか事前にチェックするために isDefinedAt メソッドが実装されます。
- 値を実際に処理するために apply メソッドが実装されます。

PartialFunction[List[String],String] にて、部分関数の引数の型は List[String] 型であり、結果値は String 型であることを示しています。

```
scala> val oyPF: PartialFunction[List[String],String] = {
     |     case "Ogi" :: "Yahagi" :: _ => "OgiYahagi"
     |     case x :: "Ogi" :: "Yahagi" :: Nil => "OgiYahagi"
     |     case x :: "Ogi" :: "Yahagi" :: y :: Nil  => "OgiYahagi"
     | }
oyPF: PartialFunction[List[String],String] = <function1>

scala> oyPF(List("Ogi","Yahagi"))
res7: String = OgiYahagi

scala> oyPF(List("Sugi-chan","Ogi","Yahagi"))
res8: String = OgiYahagi

scala> oyPF(List("Sugi-chan","Ogi","Yahagi","Kintaro"))
```

```
res9: String = OgiYahagi

scala> oyPF(List("Ogi"))
scala.MatchError: List(Ogi) (of class scala.collection.immutable.$col
on$colon)
  at scala.PartialFunction$$anon$1.apply(PartialFunction.scala:253)
  at scala.PartialFunction$$anon$1.apply(PartialFunction.scala:251)
  at $anonfun$1.applyOrElse(<console>:10)
  at $anonfun$1.applyOrElse(<console>:10)
  at scala.runtime.AbstractPartialFunction.apply(AbstractPartialFunct
ion.scala:36)
  ... 33 elided

scala> oyPF(List("Sugi-chan","Ogi","Kintaro","Yahagi"))
scala.MatchError: List(Sugi-chan, Ogi, Kintaro, Yahagi) (of class sca
la.collection.immutable.$colon$colon)
  at scala.PartialFunction$$anon$1.apply(PartialFunction.scala:253)
  at scala.PartialFunction$$anon$1.apply(PartialFunction.scala:251)
  at $anonfun$1.applyOrElse(<console>:10)
  at $anonfun$1.applyOrElse(<console>:10)
  at scala.runtime.AbstractPartialFunction.apply(AbstractPartialFunct
ion.scala:36)
  ... 33 elided

scala> oyPF.isDefinedAt(List("Sugi-chan","Ogi","Yahagi","Kintaro"))
res12: Boolean = true

scala> oyPF.isDefinedAt(List("Sugichan","Ogi","Yahagi","Kintaro",
     |       "Tekken"))
res13: Boolean = false
```

第5章

トレイト

5 トレイト

5.1 トレイトの概要

　JavaでもScalaでも多重継承は許されていません。その代わりにJavaではインターフェース、そしてScalaではトレイトという機構が提供されています。

　Javaのインターフェースでは、メソッドの定義はできてもその実装自体はインターフェースをインプリメントしたクラスにおいて漏らさず記述する必要がありました。まったく同一の処理を行う場合でも、いちいち同じ実装をそれぞれのクラスに記述することを強いられるのです。

　Scalaにおける**トレイト**とは、少し強引に説明をすれば、実装をも記述できるインターフェースであると言えます。そもそも、普通に継承を行えば、スーパークラスのメソッドの実装は継承されますので、前述の煩雑さを回避はできるのですが、一方で多重継承が許されていない事情がありました。Javaにおいてはそういったトレードオフが生じていましたが、Scalaでは解消されているのです。

　インターフェースでは**実装**（implements）と呼んでいましたが、トレイトでは**ミックスイン**（mixin）と呼びます。これにより共通の処理をクラスに導入しやすくなると共に、そういった共通処理を複数導入することも可能となります。

```
scala> trait MyLog {
     |   def log() = println("Log...")
     |   def log(s: String) = println(s"Log: $s")
     | }
defined trait MyLog

scala> case class Person(name: String,age: Int) extends MyLog
defined class Person

scala> val p = Person("Tanaka",25)
p: Person = Person(Tanaka,25)
```

5.1 トレイトの概要

```
scala> p.log
Log...

scala> p.log(p.name)
Log: Tanaka
```

- MyLogトレイトは暗黙のうちにAnyRefクラスを継承しています。よってextendsで継承した場合は、PersonケースクラスもAnyRefクラスを継承（もともとPersonケースクラス自体も単体でAnyRefクラスを継承していましたが）することになります。
- この場合は一見すると、MyLogトレイトがクラスのように振る舞っているように見えますが、実際そうです。よって、MyLogトレイトで定義されている2つのメソッドがPersonケースクラスで利用可能となっています。
- ただし、トレイトには基本コンストラクタに対してパラメーターを渡すことは許されていません。
- トレイトではsuperによってメソッドを呼び出した場合、動的に束縛（コンパイル時ではどこのメソッドが呼び出されるか決定されない）されます。

最後の2項目がクラスと比較した場合のトレイトの制約事項です。

5 トレイト

5.2 トレイトのミックスイン

クラス自体にスーパークラスを明示した場合、つまり extends を明示した場合にトレイトをミックスインさせるには with を用います。

```
scala> trait MyLog {
     |     def log() = println("Log...")
     |     def log(s: String) = println(s"Log: $s")
     | }
defined trait MyLog

scala> class Person(val name: String,val age: Int)
defined class Person

scala> class Student(name: String,age: Int,
     |     val grade: Int) extends Person(name,age) with MyLog
defined class Student

scala> val s = new Student("Yoshida",13,1)
s: Student = Student@74c8057

scala> s.name
res0: String = Yoshida

scala> s.age
res1: Int = 13

scala> s.grade
res2: Int = 1

scala> s.log(s.name)
Log: Yoshida
```

5.3 複数のトレイトのミックスイン

複数のトレイトをミックスインする場合はカンマ区切りではなく、with を連ねる形で記述します。

```
scala> trait MyLog {
     |     def log() = println("Log...")
     |     def log(s: String) = println(s"Log: $s")
     | }
defined trait MyLog

scala> trait MyNameLog extends MyLog {
     |     val name: String
     |     override def log() = println(s"My name is ${name}")
     | }
defined trait MyNameLog

scala> class Person(val name: String,val age: Int)
defined class Person

scala> class Student(name: String,age: Int,val grade: Int) extends
     |     Person(name,age) with MyLog with MyNameLog
defined class Student

scala> val s = new Student("Yoshida",13,1)
s: Student = Student@4067e699

scala> s.log
My name is Yoshida
```

5 トレイト

5.4 継承したトレイトのメソッドのオーバーライド

MyNameLog トレイトには log メソッドの定義はありませんが、その継承元である MyLog トレイトにはありますので、結果として Student クラスでは log メソッドと getName メソッド両方をオーバーライドする必要があります。

```scala
scala> trait MyLog {
     |   def getName = "no name"
     |   def log() = println("Log...")
     |   def log(s: String) = println(s"Log: $s")
     | }
defined trait MyLog

scala> trait MyNameLog extends MyLog {
     |   override def getName = {
     |                   println("MyLog")
     |                   "no name"
     |                 }
     | }
defined trait MyNameLog

scala> class Person(val name: String,val age: Int)
defined class Person

scala> class Student(name: String,age: Int,
     |   val grade: Int) extends Person(name,age) with MyNameLog {
     |   override def log() = println(s"My name is ${name}")
     |   override def getName = name
     | }
defined class Student

scala> val s = new Student("Yoshida",13,1)
s: Student = Student@2aec4bcb
```

5.4 継承したトレイトのメソッドのオーバーライド

```
scala> s.log
My name is Yoshida

scala> s.name
res1: String = Yoshida

scala> s.getName
res2: String = Yoshida
```

log メソッドでも getName メソッドでも、Student クラスにてオーバーライドしないとエラーが発生します。

```
scala> class Student(name: String,age: Int,
     |    val grade: Int) extends Person(name,age) with MyNameLog {
     |   def log() = println(s"My name is ${name}")
     |   override def getName = name
     | }
<console>:14: error: overriding method log in trait MyLog of type ()Unit;
 method log needs `override' modifier
         def log() = println(s"My name is ${name}")
             ^

scala> class Student(name: String,age: Int,
     |    val grade: Int) extends Person(name,age) with MyNameLog {
     |   override def log() = println(s"My name is ${name}")
     |   def getName = name
     | }
<console>:15: error: overriding method getName in trait MyNameLog of type => String;
 method getName needs `override' modifier
         def getName = name
             ^
```

5.5 複数のトレイトをミックスインする順序による違い

以下の2つのサンプルの実行結果を比較しましょう。

(その1)

```
scala> trait Log {
     |   def log() = println("Log...")
     | }
defined trait Log

scala> trait Log2 {
     |   def log() = println("Log2...")
     | }
defined trait Log2

scala> class Person(val name: String,val age: Int)
defined class Person

scala> class Student(name: String,age: Int,
     |     val grade: Int) extends Person(name,age) with Log with Log2 {
     |   override def log() = {
     |     println("Student...")
     |     super.log
     |   }
     | }
defined class Student

scala> val s = new Student("Yoshida",13,1)
s: Student = Student@51df5caf

scala> s.log
Student...
Log2...
```

5.5 複数のトレイトをミックスインする順序による違い

(その2)

```
scala> trait Log {
     |     def log() = println("Log...")
     | }
defined trait Log

scala> trait Log2 {
     |     def log() = println("Log2...")
     | }
defined trait Log2

scala> class Person(val name: String,val age: Int)
defined class Person

scala> class Student(name: String,age: Int,
     |     val grade: Int) extends Person(name,age) with Log2 with Log {
     |   override def log() = {
     |     println("Student...")
     |     super.log
     |   }
     | }
defined class Student

scala> val s = new Student("Yoshida",13,1)
s: Student = Student@362d6cde

scala> s.log
Student...
Log...
```

　withを連ねる場合のLogトレイトとLog2トレイトの順番が入れ替わっているのが両者の違いですが、super.logの箇所でのlogメソッド呼び出しの対象が異なっています。
　この場合のルールは後に指定されたトレイトを優先して順番に適用していきます。このことを**線形化**と呼んでいます。

5.6 継承元であるトレイトのメソッドを指定して呼び出す

明示的にトレイトを指定して呼び出す手法も存在します。super[Log].logのようにLogトレイトを指定することで明示的に呼び出すトレイトを指定します。

```
scala> trait Log {
     |     def log() = println("Log...")
     | }
defined trait Log

scala> trait Log2 {
     |     def log() = println("Log2...")
     | }
defined trait Log2

scala> class Person(val name: String,val age: Int)
defined class Person

scala> class Student(name: String,age: Int, val grade: Int) extends
     |     Person(name,age) with Log2 with Log {
     |   override def log() = {
     |     println("Student...")
     |     super.log
     |     super[Log].log
     |     super[Log2].log
     |   }
     | }
defined class Student

scala> val s = new Student("Yoshida",13,1)
s: Student = Student@23442dbd
```

```
scala> s.log
Student...
Log...
Log...
Log2...
```

5.7 トレイトの抽象フィールドの初期化タイミング

トレイトに宣言した抽象フィールドをそのトレイト内で利用しようとしても、抽象フィールドが実装されるのは、トレイトを継承したクラスのコンストラクタが実行されるときですので、値が確定していません。

よって、以下のように意図した結果になりません。

```
scala> trait Trait1 {
     |     val str: String
     |     val display = s"str = $str"
     | }
defined trait Trait1

scala> class Class1 extends Trait1 {
     |     val str = "Hello"
     | }
defined class Class1

scala> new Class1().display
res7: String = str = null
```

これを解決するには、lazy val を用いれば大丈夫です。

```
scala> trait Trait1 {
     |     val str: String
```

5 トレイト

```
     |   lazy val display = s"str = $str"
     | }
defined trait Trait1

scala> class Class1 extends Trait1 {
     |   val str = "Hello"
     | }
defined class Class1

scala> new Class1().display
res8: String = str = Hello
```

第6章

コレクションによる
弾力的なデータ構造

6 コレクションによる弾力的なデータ構造

6.1 Scala コレクション概略

6.1.1 Seq トレイト

Scala は標準でとても強力なコレクションライブラリを持っています。本書ではその一部について説明します。

次節の List クラスが継承しているのが Seq トレイトであり、Seq トレイトは**シーケンス**と呼ばれる順序を持った集合を扱います。

よって、List クラスのインスタンスを Seq 型で受けて代入することが可能です。

```
scala> val list: List[Int] = List(1,2,3)
list: List[Int] = List(1, 2, 3)

scala> val seq: Seq[Int] = List(1,2,3)
seq: Seq[Int] = List(1, 2, 3)
```

6.1.2 イミュータブルとミュータブル

Scala のコレクションクラスは基本的にはイミュータブルであり、不変の値を扱います。イミュータブルとミュータブルの違いは、Java の String クラスと StringBuffer クラスの関係に対応しています。

ミュータブルなコレクションクラスを使う場合には、別途パッケージをインポートする必要があります。なお、本書で実際に扱うのはイミュータブルに限ることにします。

6.2 List の活用

6.2.1 List と for の組み合わせ

List の中味の値に 1 を加えたリストを作成する例を示します。ただし、これは逐次的な記述法ですので、模範的な例とは言い難いです。

```
scala> val l = List(1,2,3,4,5)
l: List[Int] = List(1, 2, 3, 4, 5)

scala> for(i <- l) { println(i) }
1
2
3
4
5

scala> var result: List[Int] = List()
result: List[Int] = List()

scala> for(i <- l) { result = (i + 1) :: result }

scala> result
res20: List[Int] = List(6, 5, 4, 3, 2)
```

結果を見ればわかりますが、:: は先頭に要素を追加するメソッドです。本来の順序にしたければ、以下のようにします。

```
scala> result.reverse
res21: List[Int] = List(2, 3, 4, 5, 6)
```

reverse メソッドを使って順序を逆さまにします。

6.2.2 map メソッドを使う

前の例はもっと簡潔に記述できます。

```
scala> val l = List(1,2,3,4,5)
l: List[Int] = List(1, 2, 3, 4, 5)

scala> val result = l.map { i=> i + 1 }
result: List[Int] = List(2, 3, 4, 5, 6)
```

mapメソッドの「map」とは「写像」を意味しています。コレクションの別の構造にMapがありますが、それとは違う意味となりますので、混同しないように注意してください。

さらに簡潔に記述することも可能です。

```
scala> val l = List(1,2,3,4,5)
l: List[Int] = List(1, 2, 3, 4, 5)

scala> val result = l.map { _ + 1 }
result: List[Int] = List(2, 3, 4, 5, 6)
```

なお、中括弧についてですが、l.map(_ + 1) と囲っても大丈夫です。

6.2.3 flatten と flatMap メソッド

コレクションの要素がネストしている場合に、それを平坦にするのがflattenメソッドです。さらに、mapメソッドの動作を実施してからflattenメソッドで平坦にするのがflatMapメソッドです。

```
scala> val l =
     | (1 :: 2 :: Nil) :: List(3) :: (4 :: 5 :: Nil) :: List(6) :: Nil
l: List[List[Int]] = List(List(1, 2), List(3), List(4, 5), List(6))

scala> l.flatten
res36: List[Int] = List(1, 2, 3, 4, 5, 6)
```

```
scala> l.flatten.map{ _ + 1 }
res37: List[Int] = List(2, 3, 4, 5, 6, 7)

scala> l.flatMap{ _ + 1 }
<console>:9: error: type mismatch;
 found    : Int(1)
 required: String
              l.flatMap{ _ + 1 }
```

flatMapはmapしてからflattenするという順序ですので、この場合だとうまくいきません。

どうしても使いたいならば、

```
scala> l.flatMap{ _.map(_ + 1) }
res41: List[Int] = List(2, 3, 4, 5, 6, 7)
```

と書くことができます。

なお、flatMapメソッドは中間状態のListは生成しませんので、その分処理効率がよくなります。

6.2.4 Option型に対するflatMapメソッド

flatMapメソッドとmapメソッドはOption型にも備わっているメソッドですが、興味深い使い方をすることができます。

まず、簡単な例を紹介します。

flatMapメソッドを使うことで、Listに含まれるNoneを除去することができます。

```
scala> val l = List(Some("a"),Some("bb"),None,Some("ccc"))
l: List[Option[String]] = List(Some(a), Some(bb), None, Some(ccc))

scala> l.flatMap{x => x}
res1: List[String] = List(a, bb, ccc)
```

リストの要素の文字列数を調べるのも容易です。

```
scala> l.flatMap{x => x}.map(_.size)
res2: List[Int] = List(1, 2, 3)
```

この場合、map メソッドを使っても意味はありません。

```
scala> l.map{x => x}
res3: List[Option[String]] = List(Some(a), Some(bb), None, Some(ccc))
```

次の例は、まず Int 型の値を引数に取ってその値を倍にし、Option 型で返す calc メソッドを定義します。

```
scala> def calc(i: Int) = {
     |   println(s"calc func arg: $i")
     |   Some(i * 2)
     | }
calc: (i: Int)Some[Int]

scala> calc(100)
calc func arg: 100
res0: Some[Int] = Some(200)
```

試しに calc メソッドを呼び出してみましたが、結果はごく普通なものだと思います。

そして、Option[Int] 型の変数 v を宣言して、値には Some(1) を入れておきます。

```
scala> val v: Option[Int] = Some(1)
v: Option[Int] = Some(1)
```

次に、変数 v に対して flatMap メソッドを呼び出してみます。さらにそこから calc メソッドを呼び出します。

```
scala> val result1: Option[Int] = v.flatMap{ x =>
     |     println(x)
     |     calc(x)
     | }
1
calc func arg: 1
result1: Option[Int] = Some(2)
```

倍の値が Option[Int] 型として得られています。

一方、同様の処理を map メソッドを使って呼び出してみます。

```
scala> val result2: Option[Int] = v.map{ x =>
     |     println(x)
     |     calc(x)
     | }
<console>:14: error: type mismatch;
 found    : Some[Int]
 required: Int
         calc(x)
             ^
```

残念ながらエラーになってしまいました。calc メソッドを呼び出せないのは、x の値が Int 型ではなくて Some[Int] 型になってしまっているからです。この点においては、flatMap メソッドでは問題になっていません。

さらに、変数 v の値が None のときも試してみます。

```
scala> val v: Option[Int] = None
v: Option[Int] = None

scala> val result1: Option[Int] = v.flatMap{ x =>
     |     println(x)
     |     calc(x)
     | }
result1: Option[Int] = None
```

6 コレクションによる弾力的なデータ構造

calcメソッドにはInt型の値を渡す必要がありますが、エラーにもならず、結果として変数resultはNoneになっています。

ちなみに、flatMapをmapメソッドに変えるとさきほどと同様にエラーになります。

なお、calcメソッドはOption[Int]型を返すのが前提なことに注意しましょう。

```
scala> def calc(i: Int) = {
     |   println(s"calc func arg: $i")
     |   i * 2
     | }
calc: (i: Int)Int

scala> val result1: Option[Int] = v.flatMap{ x =>
     |   println(x)
     |   calc(x)
     | }
<console>:14: error: type mismatch;
 found   : Int
 required: Option[Int]
         calc(x)
         ^
```

6.2.5 filter メソッド

条件に合致する要素だけを抜き出すにはfilterメソッドを使います。

```
scala> val l =
     |   (1 :: 2 :: Nil) :: List(3) :: (4 :: 5 :: Nil) :: List(6) :: Nil
l: List[List[Int]] = List(List(1, 2), List(3), List(4, 5), List(6))

scala> l.flatten.filter { _ % 2 == 0 }
res42: List[Int] = List(2, 4, 6)
```

6.2.6 シャッフルしてソート

List の値をシャッフルして、ばらばらにしてからソートして並べ直すことも簡易に行えます。

```
scala> val l = Range(1,11).toList
l: List[Int] = List(1, 2, 3, 4, 5, 6, 7, 8, 9, 10)

scala> scala.util.Random.shuffle(l)
res47: List[Int] = List(9, 3, 2, 5, 7, 10, 8, 1, 6, 4)

scala> scala.util.Random.shuffle(l).sortWith{ _ > _ }
res48: List[Int] = List(10, 9, 8, 7, 6, 5, 4, 3, 2, 1)
```

6.2.7 文字列への変換

List のそれぞれの要素をエクセルなどで活用したいなら CSV ファイルにするのが定番ですが、カンマ区切りにするのは、Java などでは案外と面倒ではないでしょうか？

```
scala> val l = Range(1,11).toList
l: List[Int] = List(1, 2, 3, 4, 5, 6, 7, 8, 9, 10)

scala> scala.util.Random.shuffle(l).mkString
res49: String = 47321659810

scala> scala.util.Random.shuffle(l).mkString(",")
res50: String = 7,10,5,4,8,2,9,1,3,6
```

6.2.8 特定の値が含まれているかの検査

List内に特定の値を含んでいるかを検査するには、containsメソッドを用います。

```
scala> Range(1,11).toList.map { scala.util.Random.nextInt }
res58: List[Int] = List(0, 0, 0, 2, 1, 3, 3, 4, 5, 6)

scala> Range(1,11).toList.map { scala.util.Random.nextInt }
res59: List[Int] = List(0, 1, 0, 3, 3, 4, 5, 7, 8, 2)

scala> Range(1,11).toList.map { scala.util.Random.nextInt }
res60: List[Int] = List(0, 1, 0, 3, 4, 2, 0, 5, 7, 1)

scala> Range(1,11).toList.map { i=> scala.util.Random.nextInt(10) }
res61: List[Int] = List(6, 2, 0, 7, 1, 4, 9, 5, 2, 5)

scala> Range(1,11).toList.map {
     |     i=> scala.util.Random.nextInt(10) }.contains(9)
res62: Boolean = true

scala> Range(1,11).toList.map {
     |     i=> scala.util.Random.nextInt(10) }.contains(9)
res63: Boolean = false
```

余談ですが、前半部分のnextIntメソッドに10という引数を与えていない場合の乱数の出方はどうも偏っているように思えますが、理由はあるのでしょうか？

6.2.9 Map & Reduceへの夢

Listの要素に対して演算を行うのも容易です。

```
scala> val l = Range(1,11).toList.map {
     |     i=> scala.util.Random.nextInt(10) }
l: List[Int] = List(1, 9, 1, 1, 1, 4, 7, 2, 4, 5)
```

```
scala> l.reduceLeft { (a,b) => a + b }
res64: Int = 35
```

なお、l.reduceLeft { _ + _ } という記法も可能です。

また、reduceRight というメソッドも存在しますが、こちらは要素の末尾から先頭に向けて演算を行っていきます。

```
scala> val l = Range(1,11).toList.map {
     |   i=> scala.util.Random.nextDouble + 1 }
l: List[Double] = List(1.6233538658959528, 1.0779759606219006, 1.1936879380229333, 1.897904844154783, 1.6903461011549406, 1.492884592767357, 1.2345864294791227, 1.0862037485709661, 1.7408132066092876, 1.031187674445272)

scala> l.reduceLeft{ _ / _ }
res66: Double = 0.10942443917208358

scala> l.reduceRight{ _ / _ }
res67: Double = 2.057759219409025
```

6.3 Map の概要

6.3.1 値の設定と取得

いわゆる Key & Value のデータを格納する仕組みとして Map クラスがあります。キーに当たる値の重複は許されません。

```
scala> val states = Map(
     |   "1" -> "北海道",
     |   "2" -> "青森県",
```

```
|     "3"  -> "岩手県",
|     "4"  -> "宮城県",
|     "5"  -> "秋田県",
|     "6"  -> "山形県",
|     "7"  -> "福島県",
|     "8"  -> "茨城県",
|     "9"  -> "栃木県",
|     "10" -> "群馬県",
|     "11" -> "埼玉県",
|     "12" -> "千葉県",
|     "13" -> "東京都",
|     "14" -> "神奈川県",
|     "15" -> "新潟県",
|     "16" -> "富山県",
|     "17" -> "石川県",
|     "18" -> "福井県",
|     "19" -> "山梨県",
|     "20" -> "長野県",
|     "21" -> "岐阜県",
|     "22" -> "静岡県",
|     "23" -> "愛知県",
|     "24" -> "三重県",
|     "25" -> "滋賀県",
|     "26" -> "京都府",
|     "27" -> "大阪府",
|     "28" -> "兵庫県",
|     "29" -> "奈良県",
|     "30" -> "和歌山県",
|     "31" -> "鳥取県",
|     "32" -> "島根県",
|     "33" -> "岡山県",
|     "34" -> "広島県",
|     "35" -> "山口県",
|     "36" -> "徳島県",
|     "37" -> "香川県",
|     "38" -> "愛媛県",
|     "39" -> "高知県",
|     "40" -> "福岡県",
```

```
      |   "41" -> "佐賀県",
      |   "42" -> "長崎県",
      |   "43" -> "熊本県",
      |   "44" -> "大分県",
      |   "45" -> "宮崎県",
      |   "46" -> "鹿児島県",
      |   "47" -> "沖縄県"
      | )
states: scala.collection.immutable.Map[String,String] = Map(45 -> 宮崎県, 34 -> 広島県, 12 -> 千葉県, 8 -> 茨城県, 19 -> 山梨県, 23 -> 愛知県, 4 -> 宮城県, 40 -> 福岡県, 15 -> 新潟県, 11 -> 埼玉県, 9 -> 栃木県, 44 -> 大分県, 33 -> 岡山県, 22 -> 静岡県, 26 -> 京都府, 37 -> 香川県, 13 -> 東京都, 46 -> 鹿児島県, 24 -> 三重県, 35 -> 山口県, 16 -> 富山県, 5 -> 秋田県, 10 -> 群馬県, 21 -> 岐阜県, 43 -> 熊本県, 32 -> 島根県, 6 -> 山形県, 36 -> 徳島県, 1 -> 北海道, 39 -> 高知県, 17 -> 石川県, 25 -> 滋賀県, 14 -> 神奈川県, 47 -> 沖縄県, 31 -> 鳥取県, 42 -> 長崎県, 20 -> 長野県, 27 -> 大阪府, 2 -> 青森県, 38 -> 愛媛県, 18 -> 福井県, 30 -> 和歌山県, 7 -> 福島県, 29 -> 奈良県, 41 -> 佐賀県, 3 -> 岩手県, 28 -> 兵庫県)

scala> states("13")
res69: String = 東京都

scala> states("37")
res70: String = 香川県

scala> states("100")
java.util.NoSuchElementException: key not found: 100
(以下例外表示なので省略)
```

get メソッドを使うと Option[T] 型で返されますので、キーに該当しない値の場合を参照しても例外は発生せずに、None が返ります。getOrElse メソッドを使えば代替値の設定もできます。

```
scala> states.get("13")
res72: Option[String] = Some(東京都)

scala> states.get("37")
```

6 コレクションによる弾力的なデータ構造

```
res73: Option[String] = Some(香川県)

scala> states.get("100")
res74: Option[String] = None

scala> states.getOrElse("100","...")
res76: String = ...

scala> states.contains("13")
res78: Boolean = true

scala> states.contains("100")
res79: Boolean = false
```

6.3.2 またまたシャッフルしてみる

toList メソッドを使うと Key & Value の値はタプルとして扱われます。

```
scala> scala.util.Random.shuffle(states.toList)
res81: List[(String, String)] = List((15,新潟県), (35,山口県), (9,栃木県
), (43,熊本県), (10,群馬県), (11,埼玉県), (18,福井県), (22,静岡県), (16,富山
県), (39,高知県), (3,岩手県), (38,愛媛県), (2,青森県), (28,兵庫県), (33,岡山
県), (31,鳥取県), (17,石川県), (12,千葉県), (7,福島県), (44,大分県), (13,東京
都), (19,山梨県), (42,長崎県), (27,大阪府), (32,島根県), (8,茨城県), (40,福岡
県), (36,徳島県), (25,滋賀県), (6,山形県), (47,沖縄県), (45,宮崎県), (37,香川
県), (23,愛知県), (29,奈良県), (5,秋田県), (24,三重県), (34,広島県), (41,佐賀
県), (4,宮城県), (20,長野県), (30,和歌山県), (14,神奈川県), (1,北海道), (46,
鹿児島県), (21,岐阜県), (26,京都府))
```

そして toMap メソッドを用いると再び Map に戻せたりします。

```
scala> scala.util.Random.shuffle(states.toList).toMap
res82: scala.collection.immutable.Map[String,String] = Map(45 -> 宮崎県
, 34 -> 広島県, 12 -> 千葉県, 8 -> 茨城県, 19 -> 山梨県, 23 -> 愛知県, 4 ->
宮城県, 40 -> 福岡県, 15 -> 新潟県, 11 -> 埼玉県, 9 -> 栃木県, 44 -> 大分県,
33 -> 岡山県, 22 -> 静岡県, 26 -> 京都府, 37 -> 香川県, 13 -> 東京都, 46 ->
```

鹿児島県, 24 -> 三重県, 35 -> 山口県, 16 -> 富山県, 5 -> 秋田県, 10 -> 群馬県, 21 -> 岐阜県, 43 -> 熊本県, 32 -> 島根県, 6 -> 山形県, 36 -> 徳島県, 1 -> 北海道, 39 -> 高知県, 17 -> 石川県, 25 -> 滋賀県, 14 -> 神奈川県, 47 -> 沖縄県, 31 -> 鳥取県, 42 -> 長崎県, 20 -> 長野県, 27 -> 大阪府, 2 -> 青森県, 38 -> 愛媛県, 18 -> 福井県, 30 -> 和歌山県, 7 -> 福島県, 29 -> 奈良県, 41 -> 佐賀県, 3 -> 岩手県, 28 -> 兵庫県)

6.3.3 Map でもソートさせる

ただし、キーの値を文字列にしているため、ソート後の順序は北海道の次が青森にはなりません。

```
scala> scala.util.Random.shuffle(states.toList).sorted
res86: List[(String, String)] = List((1,北海道), (10,群馬県), (11,埼玉県), (12,千葉県), (13,東京都), (14,神奈川県), (15,新潟県), (16,富山県), (17,石川県), (18,福井県), (19,山梨県), (2,青森県), (20,長野県), (21,岐阜県), (22,静岡県), (23,愛知県), (24,三重県), (25,滋賀県), (26,京都府), (27,大阪府), (28,兵庫県), (29,奈良県), (3,岩手県), (30,和歌山県), (31,鳥取県), (32,島根県), (33,岡山県), (34,広島県), (35,山口県), (36,徳島県), (37,香川県), (38,愛媛県), (39,高知県), (4,宮城県), (40,福岡県), (41,佐賀県), (42,長崎県), (43,熊本県), (44,大分県), (45,宮崎県), (46,鹿児島県), (47,沖縄県), (5,秋田県), (6,山形県), (7,福島県), (8,茨城県), (9,栃木県))
```

6.3.4 沖縄県をゲット！

キー値が（数字で考えた場合）に一番大きいのは沖縄県です。なんとかしてこの値を取り出したいです。もちろん、当初の状態なら最後にあるのに決まっていますので、シャッフルした後の話です。

```
scala> states.get(scala.util.Random.shuffle(states.toList).toMap
    .keys.reduceLeft{ (a,b) => if(a.toInt > b.toInt) a else b })
res94: Option[String] = Some(沖縄県)
```

6.3.5 zipWithIndex メソッド

zipWithIndex メソッドを使うと、コレクションの要素に対して単純に0から始まる連番を付加することができます。

```
scala> val list = List("キジ虎","黒白","茶虎")
list: List[String] = List(キジ虎, 黒白, 茶虎)

scala> list.zipWithIndex.map { case (name,index) =>
     |     s"${index + 1}番目の猫は${name}"
     | }
res18: List[String] = List(1番目の猫はキジ虎, 2番目の猫は黒白, 3番目の猫は茶虎)
```

部分関数をうまく使って、振られた連番を得るようにしています。ただし、zipWithIndex メソッドで得られる結果はタプルの List となりますが、順番として連番の方が後になることに注意してください。

```
scala> list.zipWithIndex
res20: List[(String, Int)] = List((キジ虎,0), (黒白,1), (茶虎,2))
```

第 7 章

暗黙の型変換

7 暗黙の型変換

7.1 暗黙の型変換を行うメソッド

あらかじめ、型変換を行うメソッドを定義しておくことで、明示的なキャストの記述を必要とすることなく型変換を行えます。その型変換メソッドには、implicitキーワードを付加します。

以下の例はPersonケースクラスを文字列に変換するメソッドを定義しています。これを活用すると、キャストの記述が不要になるだけでなく、見かけ上Personクラスが自分自身の値に基づいてStringクラスの結果値を返すメソッドを持っているようにも捉えることができます。

したがって、「暗黙に」型変換が実施されているかについては把握ができるようにしておくのが望ましいでしょう。

まずは、暗黙の型変換を行うメソッドを定義してみます。

```
scala> case class Person(name: String,age: Int)
defined class Person

scala> implicit def person2String(person: Person): String = {
     |     s"Name: ${person.name} Age: ${person.age}"
     | }
warning: there was one feature warning; re-run with -feature for
details
person2String: (person: Person)String
```

警告が出ていますので、言われたとおりにscalaコマンドに-featureオプションをつけて再度実行してみます。

```
$ scala -feature
Welcome to Scala version 2.11.7 (Java HotSpot(TM) 64-Bit Server VM,
Java 1.8.0_45).
Type in expressions to have them evaluated.
Type :help for more information.
```

7.1 暗黙の型変換を行うメソッド

```
scala> case class Person(name: String,age: Int)
defined class Person

scala> implicit def person2String(person: Person): String = {
     |     s"Name: ${person.name} Age: ${person.age}"
     | }
<console>:12: warning: implicit conversion method person2String
should be enabled
by making the implicit value scala.language.implicitConversions
visible.
This can be achieved by adding the import clause 'import scala.
language.implicitConversions'
or by setting the compiler option -language:implicitConversions.
See the Scala docs for value scala.language.implicitConversions for a
discussion
why the feature should be explicitly enabled.
       implicit def person2String(person: Person): String = {
                  ^
person2String: (person: Person)String
```

あれこれ警告のメッセージがさらに出てきてしまいました。指摘どおりscala.language.implicitConversionsをインポートしてみます。

```
scala> import scala.language.implicitConversions
import scala.language.implicitConversions

scala> case class Person(name: String,age: Int)
defined class Person

scala> implicit def person2String(person: Person): String = {
     |     s"Name: ${person.name} Age: ${person.age}"
     | }
person2String: (person: Person)String
```

これで警告が出なくなりました。ただ、警告のメッセージのとおりScala Docを参照してみると、使いすぎはよくない、ということが書かれていま

7 暗黙の型変換

す。このことには留意しておきましょう。では実際に、定義した暗黙の型変換メソッドを呼び出してみます。

```
scala> val s: String = Person("Tanaka",29)
s: String = Name: Tanaka Age: 29

scala> Person("Tanaka",29).length
res0: Int = 20
```

とはいえ、「暗黙の」と言っている以上、person2String メソッドを直接呼び出すわけではありません。代入やメソッドの呼び出し時に、Person クラスのオブジェクトが存在して、かつ String 型の値が必要なときにコンパイラが判断して自動的に変換処理を行うことになります。

7.2 暗黙の型変換を行うクラス

Scala 2.10 からは暗黙の型変換を行うクラスを定義できるようになりました。継承を伴わずに見かけ上では既存のクラスに機能を追加することができます。

暗黙の型変換を行うクラスのコンストラクタの引数は1つだけである必要があり、その引数の型に合わせてその指定された型に対して変換を行うメソッドが定義される形になります。

以下の例ですと、Person クラスのオブジェクトに対して文字列を返す asString メソッドを定義しています。

```
scala> case class Person(name: String,age: Int)
defined class Person

scala> implicit class PersonConverter(person: Person) {
     |   def asString: String =
```

```
       |     s"Name: ${person.name} Age: ${person.age}"
       | }
defined class PersonConverter
```

asStringメソッド自体は明示的に呼び出しますが、PersonConverterクラスを指定して何かをするという必要はありません。

```
scala> val s: String = Person("Tanaka",29).asString
s: String = Name: Tanaka Age: 29
```

7.3 暗黙の引数

implicit valキーワードによって変数宣言しておくと、その変数のスコープが有効である範囲で引数を省略して関数を呼び出していた場合に、その値を補完して関数を呼び出せます。

ただし、引数の省略の仕方には以下の制約があります。

- 呼び出す関数の定義で、補完の対象となる引数にはimplicitキーワードを付与します。
- 補完の対象となるのは、最後の引数リスト全体です（よってカリー化されているのが前提）。
- 補完が成功するか否かはコンパイル時に判明しますので、補完する値が見つからなければコンパイルエラーとなります。ただし、補完する値自体はメソッドの呼び出し時に決定されます。

```
scala> implicit val rate = 5.0
rate: Double = 5.0

scala> def withTax(d: Double)(implicit rate: Double) =
```

```
            |   d * (1 + rate * 0.01)
withTax: (d: Double)(implicit rate: Double)Double

scala> withTax(3000)
res3: Double = 3150.0

scala> withTax(3000)(7)
res4: Double = 3210.0
```

　カリー化された最後の引数リスト全体を補完しますので、実質的には引数を複数補完することも可能です。

　暗黙の引数パラメーターは複数あっても差し支えありませんが、最後の引数リストに連なっている必要があるのと、変数名でマッチングするのではなく型でマッチングしますので、同じ型の引数を複数個にわたって暗黙の引数とすることはできません。

　以下の例では、ちょっとした工夫をしてあります。

注意　実行させる前に

　このサンプルの場合、前の税金計算のサンプルを実行しているならば、一度 scala コマンドを抜けてから再度 scala コマンドを実行してからにしてください。前に宣言した引数と干渉してしまい、正しく処理できません。

```
scala> import java.util.Calendar
import java.util.Calendar

scala> import java.text.SimpleDateFormat
import java.text.SimpleDateFormat

scala> import java.util.Calendar.DAY_OF_MONTH
import java.util.Calendar.DAY_OF_MONTH
```

```
scala> implicit val field = DAY_OF_MONTH
field: Int = 5

scala> implicit val amount = 0.0
amount: Double = 0.0

scala> implicit val format = "yyyy年MM月dd日 E曜日"
format: String = yyyy年MM月dd日 E曜日

scala> def displayOffsetDay(cal: Calendar)
     |      (implicit field: Int,amount: Double,format:String) {
     |   val fmt = new SimpleDateFormat(format);
     |   var c = cal
     |   c.add(field,amount.toInt)
     |   println(fmt.format(c.getTime))
     | }
displayOffsetDay: (cal: java.util.Calendar)(implicit field: Int, implicit amount: Double, implicit format: String)Unit

scala> displayOffsetDay(Calendar.getInstance)
2015年09月20日 日曜日

scala> displayOffsetDay(Calendar.getInstance)(
     |      DAY_OF_MONTH,11,"yyyy/MM/dd")
2015/10/01
```

第 8 章

型パラメーター（ジェネリクス）

8 型パラメーター（ジェネリクス）

8.1 ジェネリックに値を扱う

　ジェネリックに値を扱うためには、それに付加する情報がいろいろと必要になることがあります。

```
scala> case class TwoValues[A](val first: A,val second: A)
defined class TwoValues
```

　Java と同様にジェネリックな型 A を用いて、2 つのフィールドを持つケースクラス TwoValues を定義しました。

```
scala> case class TwoValues[A](val first: A,val second: A) {
     |   def max = if(first > second) first else second
     | }
<console>:8: error: value > is not a member of type parameter A
       def max = if(first > second) first else second
                       ^
```

　今度は 2 つのフィールドを比較するメソッド max を定義しましたが、比較演算子としての処理が可能であるという保証がないため、コンパイラはエラーを返します。

```
scala> case class TwoValues[A <: Comparable[A]](val first: A,
     |     val second: A) {
     |   def max = if(first.compareTo(second) > 0) first else second
     | }
defined class TwoValues
```

　型 A は順序を持つことで比較が可能であることを示す、java.lang.Comparable インターフェースのサブクラスであることを示すことで、この問題を回避できます。

8.2 ジェネリックな関数

関数に型パラメーターを持たせることができます。

```
scala> def getTail[A](l: List[A]) = l.tail
getTail: [A](l: List[A])List[A]

scala> getTail("a" :: "b" :: "c" :: "d" :: Nil)
res3: List[String] = List(b, c, d)

scala> val f = getTail[String] _
f: List[String] => List[String] = <function1>
```

型パラメーターに対して実際に与える型名に、境界（制限）を持たせることができます。

表8.1●境界

境界の種類	記法	指定可能なクラス
境界	[A]	Aそのものに限られます
上限境界	[A<: クラス名]	Aには指定されたクラスかそのサブクラスを指定可能
下限境界	[A>: クラス名]	Aには指定されたクラスかそのスーパークラスを指定可能
可視境界	[A<% クラス名]	Aには指定されたクラスか、Aに暗黙の型変換が可能なクラスを指定可能

```
scala> def getTail[A <: AnyVal](l: List[A]) = l.tail
getTail: [A <: AnyVal](l: List[A])List[A]

scala> getTail("a" :: "b" :: "c" :: "d" :: Nil)
<console>:15: error: inferred type arguments [String] do not conform
to method getTail's type parameter bounds [A <: AnyVal]
          getTail("a" :: "b" :: "c" :: "d" :: Nil)
```

```
                ^
<console>:15: error: type mismatch;
 found    : List[String]
 required: List[A]
           getTail("a" :: "b" :: "c" :: "d" :: Nil)
                   ^
```

StringクラスはAnyValクラスのサブクラスではありませんので、エラーが発生します。

```
scala> getTail(1 :: 2 :: 3 :: 4 :: Nil)
res13: List[Int] = List(2, 3, 4)
```

Int型の値ならば問題なくなります。

今度の例ではAnyValではなくてAnyRefを指定しています。

```
scala> def getTail[A <: AnyRef](l: List[A]) = l.tail
getTail: [A <: AnyRef](l: List[A])List[A]
```

そうなると、Int型では都合が悪くなります。

```
scala> getTail(1 :: 2 :: 3 :: 4 :: Nil)
<console>:15: error: inferred type arguments [Int] do not conform to
method getTail's type parameter bounds [A <: AnyRef]
           getTail(1 :: 2 :: 3 :: 4 :: Nil)
           ^
<console>:15: error: type mismatch;
 found    : List[Int]
 required: List[A]
           getTail(1 :: 2 :: 3 :: 4 :: Nil)
                   ^
```

今度の場合は、Stringクラスなら通ることになります。

```
scala> getTail("a" :: "b" :: "c" :: "d" :: Nil)
res15: List[String] = List(b, c, d)
```

なお、上限と下限を組み合わせて指定することも可能です。

```
scala> def getTail[A >: String <: AnyRef](l: List[A]) = l.tail
getTail: [A >: String <: AnyRef](l: List[A])List[A]
```

8.3 ジェネリックなクラス

クラスのフィールドに対して型パラメーターを与えて、フィールドの型をジェネリックにします。その際にもさらなる情報を付与できます。

8.3.1 変位アノテーション

表8.2●変位

変位の種類	記法	指定可能なクラス	引数使用可	結果値使用可
非変	[A]	Aに限ります	○	○
共変	[+A]	Aとそのサブクラスに限ります	×	○
反変	[-A]	Aとそのスーパークラスに限ります	○	×

- Javaの配列は共変です。
- 一方で、Scalaの配列は非変です。

+、- の記号を変位アノテーションと呼びます

■(1) 非変

```
scala> case class MyValue[A](val v: A)
defined class MyValue
```

```
scala> val obj: MyValue[AnyVal] = new MyValue[AnyVal](123)
obj: MyValue[AnyVal] = MyValue(123)
```

AnyvalとAnyは型が一致しませんので、以下のコードはエラーとなります。

```
scala> val obj: MyValue[AnyVal] = new MyValue[Any](123)
<console>:18: error: type mismatch;
 found   : MyValue[Any]
 required: MyValue[AnyVal]
Note: Any >: AnyVal, but class MyValue is invariant in type A.
You may wish to define A as -A instead. (SLS 4.5)
       val obj: MyValue[AnyVal] = new MyValue[Any](123)
                                      ^

scala> val obj: MyValue[AnyVal] = new MyValue[Int](123)
<console>:18: error: type mismatch;
 found   : MyValue[Int]
 required: MyValue[AnyVal]
Note: Int <: AnyVal, but class MyValue is invariant in type A.
You may wish to define A as +A instead. (SLS 4.5)
       val obj: MyValue[AnyVal] = new MyValue[Int](123)
                                      ^
```

■(2) 共変

```
scala> case class MyValue[+A](val v: A)
defined class MyValue

scala> val obj: MyValue[AnyVal] = new MyValue[AnyVal](123)
obj: MyValue[AnyVal] = MyValue(123)
```

型が一致している分には問題ありません。

```
scala> val obj: MyValue[AnyVal] = new MyValue[Any](123)
<console>:18: error: type mismatch;
```

```
found    : MyValue[Any]
required: MyValue[AnyVal]
       val obj: MyValue[AnyVal] = new MyValue[Any](123)
                                      ^
```

AnyVal クラスは Any クラスのサブクラスなので、この場合は問題があります。

```
scala> val obj: MyValue[AnyVal] = new MyValue[Int](123)
obj: MyValue[AnyVal] = MyValue(123)
```

Int クラスは AnyVal のサブクラスなので、この場合は問題ありません。

■(3) 反変

このサンプルでも一度 Scala コマンドを立ち上げ直すようにしてください。

```
$ scala
Welcome to Scala version 2.11.7 (Java HotSpot(TM) 64-Bit Server VM,
Java 1.8.0_45).
Type in expressions to have them evaluated.
Type :help for more information.

scala> case class MyValue[-A](val v: A)
<console>:10: error: contravariant type A occurs in covariant position
 in type => A of value v
       case class MyValue[-A](val v: A)
                                    ^

scala> class MyValue[-A]
defined class MyValue

scala> val obj: MyValue[AnyVal] = new MyValue[AnyVal]
obj: MyValue[AnyVal] = MyValue@3cb5cdba
```

8 型パラメーター（ジェネリクス）

この場合も、型が一致している分には問題ありません。

```
scala> val obj: MyValue[AnyVal] = new MyValue[Any]
obj: MyValue[AnyVal] = MyValue@13969fbe
```

共変の場合と逆で、AnyVal クラスのサブクラスが Int クラスであるため、問題があります。

```
scala> val obj: MyValue[AnyVal] = new MyValue[Int]
<console>:11: error: type mismatch;
 found    : MyValue[Int]
 required: MyValue[AnyVal]
       val obj: MyValue[AnyVal] = new MyValue[Int]
                                  ^
```

共変の場合と逆で、以下の場合は問題ありません。

```
scala> val obj: MyValue[Int] = new MyValue[AnyVal]
obj: MyValue[Int] = MyValue@4bec1f0c
```

8.3.2 ミュータブルとイミュータブル

これまで何度も登場してきた List クラスはイミュータブルであり、要素の変更は不可です。Scala のコレクションはイミュータブルを基本としており、ミュータブルなコレクションを利用したいならば、別パッケージのクラスを利用する必要があります。

なお、イミュータブルなのかミュータブルなのかで区別したとき、非変にすべきか、共変にすべきについては以下の指針が挙げられます[1]。

- ミュータブルなコンテナは不変にすべきです。
- イミュータブルなコンテナは共変にすべきです。
- 変換処理の入力は反変に、出力は共変にすべきです。

---

[1] http://etc9.hatenablog.com/entry/20100502/1272827754

索引

記号

"	39
"""	39
$	40
$$	41
${ }	40
( )	104
/* */	42
/** */	42
//	42
::	124
:::	124
;	36
==	58
=>	80
[ ]	60
\	38
_	43, 82, 98
`	36, 120
{ }	104
|	26, 39

A

abstract	66
and 条件	46
AnyRef クラス	54
AnyVal クラス	54
Any クラス	54
apply	68, 131
App トレイト	30
Array	123

B

BigDecimal	34
BigInt	34
Boolean	34
Byte	34

C

canEqual	68
case	51, 68, 118
case _:	51
Char	34
class	54, 70
contains	47, 154
copy	68

D

def	56
do while 式	48
Double	34

E

eq	41, 59
equals	59, 68

F

filter	152
final	64, 65
flatMap	148
flatten	148
Float	34
foreach	52

177

for 式	45
fromURL	52
fsc コマンド	29

G
| get | 116, 157 |
| getOrElse | 117 |

H
| hashCode | 68 |

I
if else 式	44
if 式	44
implicit	162
implicit val	165
import	76
Int	34
isDefinedAt	131

J
| java コマンド | 30 |

L
lazy val	113
List	124, 147
Long	34

M
map	148, 154
Map クラス	155
MatchError 例外	118
match 式	118
mkString	153

N
None	116
Nothing クラス	54
null	116
Null クラス	54

O
object	70
Option	149
Option[T] 型	116
or 条件	47
override	64

P
package	74
PartialFunction トレイト	131
private	60, 63
protected	60, 63

R
Range クラス	46
reduceLeft	155
reduceRight	155
REPL	26
reverse	147

S
s" "	40
scala -feature コマンド	162
scala.Symbol クラス	41
scalac コマンド	27
scaladoc コマンド	42
ScalaObject トレイト	54
scala コマンド	26
sealed	128
Seq トレイト	146

索 引

Short 34
shuffle 153
Some 116
sorted 159
sortWith 153
static 70
String 34
stringMargin 39
Symbol 34

T
this 56
toList 153, 158
toMap 158
toString 47, 68
trait 134
try catch finally 式 51
try catch 式 50

U
unapply 69
Unit 57

V
val 35, 113
var 35

W
while 式 48
with 136

Y
yield 47

Z
zipWithIndex 160

あ
アクセス干渉 20
アクセス修飾子 60
値型クラス 54
値渡しパラメーター 108
暗黙の型変換 162, 164
暗黙の引数 165
イミュータブル 43, 146, 176
エスケープシーケンス 38
演算子 49
オーバーライド 64
オブジェクトの等価性 58
オブジェクトの比較 58

か
型推論 35
型パラメーター 169
型変換 162
カリー化（関数） 100
関数 7, 49, 80
関数型言語 13
関数型プログラミング 14
関数のカリー化 100
関数の部分適用 96
関数リテラル 80, 89, 91
基本コンストラクタ 55
境界 171
共変 173, 174
クラス 53
クラスの定義 54
クラスのメソッド 56
クロージャー 92
継承 64
ケースオブジェクト 71
ケースクラス 68, 122, 130
ケースシーケンス 131

179

結果値	10
限定子	60, 63
高階関数	12
コメント	42
コレクション	146
コンストラクタ	54
コンパニオンオブジェクト	71

さ

再帰処理	18
再代入不可	14
参照透明性	15
シーケンス	146
シールドクラス	128
ジェネリック	170
ジェネリックな関数	171
ジェネリックなクラス	173
実装	134
シャッフル	153
修飾子	63
自由変数	92
純粋関数型関数	21
状態を持たない	10
真偽値	38
シングルトンオブジェクト	70
シンボルリテラル	41
スケーラブルな	3
ステートレス	11
制御構造	44
線形化	141
ソート	153
束縛	15
束縛変数	92

た

第1級オブジェクト	12
タプル	43, 126
単精度浮動小数点数	38
単方向リスト	124
遅延評価	15, 113
抽出子	72
抽出フィールド	145
抽象クラス	66
抽象フィールド	66
抽象メソッド	66
中置記法	59
定数	120
データ型	34
デフォルト引数	89
特殊文字	38
トレイト	134

な

名前渡し	106
名前渡しパラメーター	108
入力値	10
ネストしたメソッド	95

は

倍精度浮動小数点数	37
パターンガード	127
パターンマッチ	115
パッケージ	74, 77
パラメーター	108
反変	173, 175
引数名	87
引数を適用する	97
非変	173
ファーストクラス	12
ファーストクラスオブジェクト	12

索引

ファクトリメソッド 72
副作用 10, 112
符号つき整数 37
部分関数 131
プレースホルダー構文 82
並行処理 19
並列処理 19
変位 173
変位アノテーション 173
変数宣言 35
補助コンストラクタ 56

例外処理 50
ローカルメソッド 95
ローンパターン 105

ま

マッチ（Array） 123
マッチ（List） 124
マッチ（型） 121
マッチ（ケースクラス） 122
マッチ（タプル） 126
マッチ（ネストしたケースクラス） 130
マッチ（変数） 119
末尾再帰 18
末尾再帰最適化 18
マルチスレッド 19
ミックスイン 134, 136
ミュータブル 146, 176
無名関数 80
メソッド 49, 80, 84
文字列 38
文字列への変換 153

や

ユニコード文字 38

ら

リスト 124
リテラル 37

■ 著者プロフィール

池田 成樹（いけだ・なるき）　@ikedanaruki

1973 年神奈川県生まれ。立教大学社会学部観光学科卒。
エンジニアとして企業に勤めるが、人生というものを意識しだして、やむにやまれず退職。
ダイキチ・ドットネット有限会社を設立。社会人学生として、とある大学の夜間部で数学を
学ぶ。だが、卒業は果たせず。コンピューティングの「極み」を追求する毎日。
NPO 法人 JASIPA 理事、研修委員長（http://jasipa.jp）

主な著書

『Java はじめの一歩』、『Delphi はじめの一歩』、『Unix はじめの一歩』（カットシステム 2003 年）、
『改訂版やさしい Java 入門』、『Delphi 2005 プログラミングテクニック Vol.7』（カットシステム
2005 年）『iPod で Linux したっていいじゃない』（カットシステム 2006 年）、『Delphi 2005 プ
ログラミングテクニック Vol.8』（カットシステム 2007 年）、『Java GUI プログラミング Java SE
6 対応 Vol.I』（共著 カットシステム 2007 年）、『Java GUI プログラミング Java SE 6 対応 Vol.II』
（共著 カットシステム 2008 年）、『OpenCL 並列プログラミング』（カットシステム 2010 年）、
『Twitter API リファレンスガイドブック』（カットシステム 2010 年）、『OpenCL 詳説』（共訳 カッ
トシステム 2011 年）、『Java はじめの一歩 Windows 8/7 対応』（カットシステム 2014 年）

Scala テキスト　基本文法編

2015 年 11 月 10 日　初版第 1 刷発行

著　者	池田 成樹
発行人	石塚 勝敏
発　行	株式会社 カットシステム
	〒 169-0073　東京都新宿区百人町 4-9-7　新宿ユーエストビル 8F
	TEL　(03)5348-3850　　　FAX　(03)5348-3851
	URL　http://www.cutt.co.jp/
	振替　00130-6-17174
印　刷	シナノ書籍印刷 株式会社

本書に関するご意見、ご質問は小社出版部宛まで文書か、sales@cutt.co.jp 宛に e-mail でお送りください。電話によるお問い合わせはご遠慮ください。また、本書の内容を超えるご質問にはお答えできませんので、あらかじめご了承ください。

■ 本書の内容の一部あるいは全部を無断で複写複製（コピー・電子入力）することは、法律で認められた場合を除き、著作者および出版者の権利の侵害になりますので、その場合はあらかじめ小社あてに許諾をお求めください。

Cover design　Y.Yamaguchi　　　© 2015 池田成樹
Printed in Japan　ISBN978-4-87783-384-8